AF354821

El mapudungún de Santiago de Chile:
creación neológica y vitalidad interna

Colección
TESIS

Belén Villena Araya

El mapudungún de Santiago de Chile: creación neológica y vitalidad interna

"La publicación de esta obra fue evaluada por el
Comité Editorial del Fondo de Publicaciones Americanistas
y revisada por pares evaluadores especialistas en la materia,
propuestos por Consejeros Editoriales de las distintas disciplinas".

EDITORIAL UNIVERSITARIA

ÍNDICE

ÍNDICE DE TABLAS Y FIGURAS

Tablas

Figuras

Abreviaturas y convenciones

3	tercera persona
CA	causativo
DIR	direccional
DIST	distributivo
ep	epéntesis
FUT	futuro
FNF	forma no finita
HAB	habitual
INF	infinitivo
LOC	locativo
NOM	nominalizador
PAS	pasiva
RECP	recíproco
RES	restaurativo
R	referente
Sg	singular
S	sujeto(s)
TR	transitivador
VERB	verbalizador
ø	cero morfológico
( )	elisión de un elemento
/ /	transcripción fonológica
' '	traducción al español

Agradecimientos

Al profesor Gilberto Sánchez Cabezas, por su paciencia, sabiduría y apoyo incondicional.

A quienes colaboraron en el diseño metodológico y en la presentación y análisis de los resultados, en especial a los profesores Domingo Román Montes de Oca, de la Pontificia Universidad Católica de Chile, Fernando Zúñiga, de la Universidad de Berna y Soledad Chávez Fajardo, de la Universidad de Chile; y a mis queridísimos amigos de siempre: Patricio Moya Muñoz, Cristian Oyarzo Barrientos y Sara Martínez Labbé.

A todos los que compartieron conmigo el privilegio de hablar mapudungún en la gran ciudad, especialmente a mis amigos Clara Antinao Varas, Antonio Chihuaicura Chihuaicura, Eva Blanco Calfuqueo, Juan Huarapil Huaramán y Elba Huinca Meliñir, a quienes les declaro mi admiración y aprecio más profundos.

Mañumtun

Chi kimelfe Gilberto Sánchez Cabezas, ñi tüngduam mew, ñi kimün mew ka ñi küpa kellun mew.

Kakelu kellulu küme ad-elkunuael ka adkunu-pengelngeael chi inarume-dungu ñi tripanngepumum, trokituel mew chi pu kimelfe Domingo Román Montes de Oca, chi Pontificia Universidad Católica de Chile ngelu, Fernando Zúñiga, chi Universidad de Berna ngelu, ka Soledad Chávez Fajardo, chi Universidad de Chile ngelu; ka ñi rumel duamkeel ñi pu wenüy: Patricio Moya Muñoz, Cristian Oyarzo Barrientos ka Sara Martínez Labbé.

Ka kom chi pu che kellukonlu iñche mew chi kimnielu mapudungun tüfachi füta waria mew, ta ñi pu wenüy: Clara Antinao Varas, Antonio Chihuaicura Chihuaicura, Eva Blanco Calfuqueo, Juan Huarapil Huaramán ka Elba Huinca Meliñir, fey engün ñi afmatukeel[1].

---

[1] Traducción hecha por la profesora de lengua y cultura mapuches Clara Antinao Varas.

Introducción

Las lenguas no solo son sistemas gramaticales, sino que constituyen, además, sistemas de expresión funcional y cultural. En tanto sistemas gramaticales, presentan diversos grados de *diferencia*, dependiendo de su distancia tipológica. En tanto sistemas de expresión, pueden encontrarse en diversas situaciones de *desigualdad*, de acuerdo con los efectos –positivos o negativos– que el contexto histórico-social en que son habladas haya tenido en su capacidad expresiva (Cabré, 2002, Diversidad, diferencia y desigualdad, ¶ 3).

Sin duda, las condiciones sociales de las lenguas determinan las oportunidades de usarlas en todas las situaciones, hecho que, en algunos casos, restringe el desarrollo natural de determinados recursos de expresión que el sistema lingüístico pone al alcance de todos sus usuarios (Cabré, 2004, ¶ 4). Esto es lo que ocurre, por ejemplo, con gran parte de las lenguas indoamericanas, entre ellas, la lengua mapuche. Esta lengua, en palabras de Chiodi y Loncon "ha sufrido una contracción a lo largo de varios siglos de discriminación cultural y política, es decir, se ha reducido y empobrecido" (1999, p. 12). Este hecho produce, por un lado, que se pierdan palabras y, por otro, que la lengua no modernice su vocabulario.

El mapudungún, al entrar a la complejidad del mundo contemporáneo, no ha dispuesto de unidades léxicas ni de opciones estilísticas capaces de expresarla. Este empobrecimiento lexical no ha dependido de factores lingüísticos, sino de factores sociales y políticos. De esta forma, en los ámbitos mapuches tradicionales, en los que el discurso mapuche se ha elaborado en mapudungún, la lengua ha llegado a niveles muy altos de abstracción y profundidad. Sin embargo, en los campos de la tecnología, la ciencia y muchos otros propios de la vida moderna, en los que históricamente se ha desalentado y, en no pocos casos, prohibido el discurso mapuche en mapudungún, la lengua carece de terminología y registros adecuados (Chiodi y Loncon, 1999, pp. 21-22).

Dentro del panorama anteriormente esbozado, la presente investigación, de tipo exploratorio, se propone:

- Contribuir al proceso de modernización del léxico del mapudungún a través del establecimiento de los procesos y recursos de creación neológica espontáneo-referencial más productivos dentro de la comunidad mapuche hablante de la ciudad de Santiago.

- Dar luces sobre el grado de vitalidad interna de la lengua mapuche de la ciudad antes mencionada a partir de una valoración gradual de la productividad de los procesos de creación neológica constatados.

Además, de manera específica, pretende:

- Establecer una tipología de los recursos de creación neológica de la lengua mapuche que permita clasificar los neologismos relevados.

- Analizar cuantitativa y cualitativamente los procesos y recursos de creación neológica registrados.

- Contrastar la productividad de los procesos y recursos de creación neológica constatados.

I. Planificación lingüística

A. *Aspectos generales*

La *planificación lingüística*, proceso dentro del cual se sitúa la modernización del léxico de una lengua, puede ser definida como "cualquier esfuerzo deliberado por cambiar una lengua y sus funciones" (Lastra, 1992, p. 433) o, en palabras de Rotaetxe, como "las distintas formas de intervención consciente sobre una lengua" (1990, p. 152). En cualquier caso, no opera sobre la comunicación casual y cotidiana, sino sobre los usos públicos u oficiales de la lengua. Este proceso puede ser descrito, según Fasold (1996, p. 246), a partir de cuatro características principales: supone una intervención sobre el uso institucional de una lengua; es explícita, en el sentido de que las decisiones tomadas son deliberadas y conscientes; se orienta hacia un objetivo, y se enfrenta a problemas lingüísticos y comunicativos de manera sistemática.

Einar Haugen, el primero en acuñar el término *planificación lingüística*, propuso, en 1966, un modelo de planificación en el que estableció una distinción entre los asuntos relacionados con la *forma* lingüística y los que afectan a la *función*; en terminología de Heinz Kloss, la planificación del *corpus* y la planificación del *estatus*. Más tarde, en 1983, amplió su modelo, diferenciando cuatro aspectos: la *selección* de la norma, la *codificación* de la misma, su *implantación* en la comunidad, y su *modernización*. En este segundo modelo, Haugen incorpora la tipología de Kloss, como se expone en la Tabla 1.

Tabla 1. *Modelo de planificación lingüística de Haugen*

Tipo de planificación	Forma (planificación política)	Función (cultivo de la lengua)
Sociedad (planificación del estatus)	1. Selección de la norma (toma de decisiones) a. Identificación de problemas b. Definición de normas	3. Implantación/Implementación (sistema educativo) a. Procedimientos de corrección b. Evaluación/seguimiento
Lengua (planificación de la lengua)	2. Codificación de la norma (estandarización/normativización) c. Ortografía d. Gramática e. Léxico	4. Modernización/ Elaboración/ Ampliación (desarrollo funcional) a. Modernización terminológica b. Desarrollo estilístico

Nota. Adaptada de Blas Arroyo (2005, p. 487), Lastra (1992, p. 438) y Rotaetxe (1990, p. 155; 1997).

En esta tabla, los puntos 1 y 3, selección e implantación de la norma, se refieren al valor social de la lengua, mientras que los puntos 2 y 4, codificación y modernización de la norma, afectan a la lengua en cuanto estructura. Según este modelo, al planificar una lengua, lo primero que debe hacerse es profundizar en los problemas asociados al uso de una o más variedades lingüísticas, para, a partir de este análisis, seleccionar una norma, es decir, elegir una variedad lingüística comunitaria dentro de las disponibles en la sociedad, que supere, entre otras diferencias, las geográficas, etarias y sociales de los hablantes de una misma comunidad lingüística.

En segundo lugar, la variedad lingüística seleccionada como norma debe codificarse, es decir, debe someterse a normas lingüísticas unificadoras que regulen su uso correcto. En este proceso deben establecerse normas de fijación gráfica para sus fonemas (grafemarios) y normas de fijación y difusión de las reglas de sus principales componentes (gramáticas y diccionarios). En tercer lugar, la norma codificada debe implantarse y difundirse en la comunidad lingüística, principalmente a través del sistema educativo. En esta tercera etapa deben corregirse las variedades no estándares y evaluarse los resultados obtenidos. Finalmente, la variedad seleccionada debe someterse a un constante proceso de modernización, es decir, debe adaptarse a las necesidades cambiantes de las sociedades modernas. En otras palabras, debe convertirse "en un medio de comunicación eficaz, con igual desarrollo y capacidades que otras [lenguas] para el desempeño de cualquier función social y comunicativa imaginable en las sociedades modernas" (Blas Arroyo, 2005, p. 503). Este proceso abarca dos aspectos: la expansión del léxico y el desarrollo de nuevos estilos y formas de discurso, inexistentes en etapas previas.

B. *Modernización léxica de las lenguas*

Para Cabré (2004, ¶ 6), los procesos de renovación del léxico de una lengua se desarrollan de diferentes formas, dependiendo del grado de consolidación sociopolítica de las distintas comunidades lingüísticas. En este sentido, mientras más consolidada está una comunidad, más ágil es su capacidad creativa y, dado que los nuevos usos surgen naturalmente por la fuerza social de la lengua, la planificación de neologismos es menos necesaria. En estos casos, la administración asume más bien la función de coordinar y ordenar el proceso.

Por otro lado, en las lenguas socialmente más débiles –debido al número de hablantes o a sus condiciones políticas, económicas o socioculturales– la comunidad genera neologismos con mucha prudencia, lo que se manifiesta, por ejemplo, en la vacilación de los hablantes antes de usar neologismos espontáneos en situaciones públicas y formales. A juicio de la autora, tal prudencia creativa se debe, principalmente, a la inseguridad que la utilización de palabras nuevas puede producir en los hablantes por una falta de dominio del sistema lingüístico y de sus registros funcionales. También puede deberse a una censura social frente a posibles transgresiones involuntarias de la norma correcta en el marco de una concepción excesivamente rígida de esta y una uniformidad funcional del sistema de la lengua. En estos casos, la administración debe asumir un rol más activo, generando líneas de investigación e intervención tendientes a crear neologismos que puedan implantarse en la comunidad lingüística. La mayor parte de las lenguas indígenas, y en particular la lengua mapuche, se encuentran en esta situación.

C. *Modernización de las lenguas indígenas*

Décadas atrás, para los pueblos indígenas era posible evadir de manera parcial el proceso de modernización socioeconómica desarrollado en la sociedad mayoritaria, refugiándose en zonas aisladas o resistiéndolo por medio de otras estrategias. En la actualidad, el mejor acceso, la diversificación y la rapidez de los medios de comunicación, junto con la globalización del comercio, han hecho que la sociedad moderna alcance a las comunidades indígenas que habían logrado retirarse. Con ello se da comienzo a un proceso de desvalorización y sustitución de formas de vivir y de productos tradicionales por los provenientes de las sociedades modernas.

Este proceso de desplazamiento de formas de vida y objetos tradicionales no es exclusivo de las sociedades indígenas; la modernización, en tanto proceso de cambio, también ha afectado a las sociedades occidentales. No obstante, en el caso de las primeras, este proceso es más problemático porque puede combinarse con procesos de aculturación y/o asimilación lingüística.

En este sentido, Zimmermann (1995-1996, p. 190) sostiene que, en el plano de la lengua, la modernización puede tomar cuatro rumbos radicalmante diferentes. En primer lugar, puede conseguirse la *asimilación lingüística sin modernización social*. En segundo lugar, puede lograrse la *modernización social con asimilación lingüística*, lo que consiste en la sustitución de la lengua indígena, generalmente ágrafa y carente de terminología moderna, por la lengua oficial del país, provista ya de escritura y de un léxico desarrollado para las necesidades del mundo moderno. En tercer lugar, puede alcanzarse la *modernización social sin asimilación lingüística*, lo que implica, indudablemente, transformaciones en las lenguas indígenas (establecimiento de un alfabeto, renovación del léxico y de registros, elaboración de gramáticas y diccionarios, entre otras). En cuarto lugar, es posible no conseguir *ni modernización social ni modernización lingüística*, lo que equivale a decir que tanto las comunidades como las lenguas indígenas mantienen su *statu quo*.

Para este autor, dado que las lenguas indígenas están *amenazadas de extinción*, es necesario modernizarlas para garantizar su supervivencia. Para ello propone, además de las tareas involucradas en la planificación del corpus y del estatus, desarrollar procesos de planificación de los espacios comunicativos y de la identidad étnica. El primer proceso debe considerar la creación de espacios comunicativos para las lenguas indígenas en las zonas donde se hablan o donde se deberían hablar; por ejemplo: estaciones de radio, letreros públicos y medios de prensa. El segundo proceso debe incluir una propaganda sobre la utilidad de la lengua vernácula. En este sentido, sostiene que "aunque parezca superfluo, esto es necesario después de 500 años de una propaganda opuesta" (Zimmermann, 1995-1996, p. 194).

D. *Modernización de la lengua mapuche*

La modernización del mapudungún debe analizarse como parte del proceso de adecuación de las lenguas a las diversas situaciones culturales. Décadas atrás, Gallardo definió el estado de la cuestión en los siguientes términos: "el *mapudungu* es adecuado para vivir la cultura mapuche [tradicional], para la cual el castellano es inadecuado; el castellano se ha desarrollado para vivir una cultura altamente internacionalizada, cosa para la cual el *mapudungu* es, hoy por hoy, inadecuado" (1984, p. 162). En el mismo sentido, Salas apuntó que

> la lengua mapuche es altamente específica de la cultura mapuche, lo que la hace disfuncional e inadecuada para toda otra cultura, por ejemplo para la civilización hispánica. En otras palabras, no se puede hablar mapuche sino en interacciones ancladas en el universo indígena. O dicho de otra manera, no se puede hablar mapuche viviendo como hispano (1987, p. 30).

Para Salas, esta es la razón crucial del abandono del mapudungún por parte de los mapuches urbanizados, razón que estima más determinante que otras, como el bajo prestigio social de la identidad mapuche en el ámbito urbano, la falta de establecimiento de *guetos* mapuches en las ciudades (que favorezcan la densidad de las redes sociales y los espacios de reproducción cultural) o la integración a los niveles socioeconómicos más bajos, los que suelen ser más intolerantes frente a la diversidad cultural. Además, sostiene que "la sociedad mapuche está en una situación de jaque y mate. Si ha de vivir en la civilización europea-occidental moderna, ha de hablar castellano. Si quiere hacerlo hablando mapuche, debe occidentalizar la lengua mapuche, discontinuándola de su pasado tradicional" (1987, p. 33).

Más recientemente, Chiodi y Loncon han señalado que "la lengua mapuche no ha seguido el mismo curso de adaptaciones e innovaciones de la sociedad mapuche. En vez de paralelismos, ha habido trayectorias divergentes" (1999, p. 9). En este sentido, sostienen, en primer lugar, que el léxico del mapudungún refleja la cultura tradicional comunitaria, modificada a lo largo del tiempo, pero no alcanza para cubrir muchas de las exigencias comunicativas propias del mundo contemporáneo. En segundo lugar, señalan que el mapudungún carece de registros verbales capaces de tematizar asuntos característicos de las sociedades modernas como la ciencia, la política y la jurisprudencia. Esta falencia se ha visto potenciada por los problemas que se han presentado en el desarrollo de un sistema de escritura propio de la lengua mapuche, pues es con la escritura que gran parte de las lenguas ha desarrollado los procesos de afinamiento estilístico y de intelectualización (1999, pp. 21-25).

Estudios recientes han demostrado que los ámbitos de uso actuales de la lengua mapuche no distan mucho de los descritos por Gallardo (1984) y Salas (1987) hace más de dos décadas. En una investigación realizada a partir de 40 entrevistas a mapuches urbanos residentes en Concepción, Santiago y Temuco, Wittig (2009) constató "la identificación consistente y generalizada del *lof* o comunidad como principal espacio de interacción en mapudungún en la vida cotidiana actual" (p. 142). En este hecho Wittig observa una manifestación del "desequilibrio funcional que regula la elección de lenguas y que se traduce en un número reducido de contextos comunicativos en que el hablante urbano siente que *puede* y *debe* usar el mapudungún" (2009, p. 143).

Otros dos estudios apuntan en la misma orientación. El primero, desarrollado por el Centro de Estudios Públicos (2007) a partir de la aplicación, durante 2006, de una encuesta a 1.487 mapuches residentes en las regiones VIII, IX, X, XIV y Metropolitana (y a un número equivalente de no mapuches), entrega cifras determinantes respecto de diferencias en la frecuencia y el ámbito de uso del mapudungún en zonas rurales y urbanas. Respecto del primer punto, los datos indican que en las zonas urbanas la mayoría de los entrevistados señala hablar en lengua mapuche solo en ocasiones especiales (33,3%) o nunca o casi nunca (31,5%); en las zonas rurales, en cambio, la mayoría sostiene utilizarlo todos los días (31,5%), tal como se expone en la Tabla 2.

Tabla 2. *Frecuencia de uso del mapudungún en zonas urbanas y rurales*

Frecuencia de uso	Zonas urbanas	Zonas rurales
Todos los días	5,2%	31,5%
Más de una vez a la semana	4,6%	12,0%
Una vez a la semana	5,2%	5,9%
Varias veces al mes	4,6%	4,6%
Una vez al mes	3,4%	4,6%
Varias veces al año	11,1%	7,4%
Solo en ocasiones especiales	33,3%	17,0%
Nunca o casi nunca	31,5%	15,7%
No sabe o no contesta	0,9%	1,2%

Nota. El total de sujetos que respondió esta pregunta fue de 648 (base ponderada), que corresponde a los mapuches que señalaron poseer competencia (activa o pasiva) en mapudungún.

En cuanto a los ámbitos de uso de la lengua mapuche, el estudio revela que en las zonas urbanas los temas que con mayor frecuencia se tratan en mapudungún son los familiares (12,7%) y los relativos a ceremonias o religión (10,5%);

mientras que en las zonas rurales son los que se relacionan con la salud (33%) y con el trabajo (33%). Los menos tratados en mapudungún fueron, en ambas zonas, los que menor relación tienen con ámbitos tradicionales y privados: el deporte (76,6% y 59,4%, en áreas urbanas y rurales respectivamente) y la política (83,6% y 69,3%, en áreas urbanas y rurales respectivamente), tal como se aprecia en la Tabla 3.

Tabla 3. *Frecuencia con que se tratan determinados temas en mapudungún en zonas urbanas y rurales*

Temas	Zonas urbanas				Zonas rurales			
	Frec.	A veces	Nunca	NS/NC	Frec.	A veces	Nunca	NS/NC
Familiares	12,7%	36,7%	48,5%	2,1%	28,8%	44,0%	24,8%	2,4%
Personales	9,0%	29,6%	59,3%	2,1%	29,3%	38,3%	29,9%	2,4%
Cerem./religión	10,5%	29,0%	58,0%	2,4%	24,1%	36,7%	36,1%	3,0%
Salud	6,8%	27,8%	63,0%	2,4%	33,0%	29,9%	34,6%	2,4%
Trabajo	8,6%	19,8%	68,5%	3,1%	33,0%	25,9%	38,6%	2,4%
Deporte	2,5%	18,5%	76,6%	2,4%	17,6%	19,8%	59,4%	3,0%
Política	1,9%	12,0%	83,6%	2,4%	10,2%	17,0%	69,3%	3,4%

Nota. Frec.: frecuentemente; NS/NC: no sabe o no contesta; Cerem.: ceremonias. Base ponderada de 648 sujetos.

El segundo estudio (Gundermann, Godoy *et al.*, 2009), también con base en encuestas aplicadas durante 2008 a mapuches residentes en la Región Metropolitana, muestra, por un lado, que la mayoría de los entrevistados señala utilizar la lengua mapuche solo ocasionalmente, tanto dentro como fuera del hogar (40,4% y 42,6%, respectivamente), como se expone en la Tabla 4. Por otro, revela que las principales situaciones en que se habla mapudungún son las que se establecen con familiares del sur (28,2%), entre integrantes de la familia (27,4%) y con familiares en la Región Metropolitana (22,1%). Los contextos en que menos se utiliza la lengua vernácula son los laborales, con otros mapuches (1,9%); las reuniones en la escuela, entre apoderados mapuches (1%), y los establecidos con funcionarios de servicios o instituciones públicas (0%), como se aprecia en la Tabla 5. Nuevamente, los ámbitos privados son los que concentran la mayor frecuencia de uso del mapudungún, mientras que los públicos, relacionados con la vida urbana, la menor.

Tabla 4. *Frecuencia de uso del mapudungún en la Región Metropolitana, dentro y fuera del hogar*

Frecuencia de uso del mapudungún	En el hogar	Fuera del hogar
Diariamente	15,2%	13,4%
Ocasionalmente	40,4%	42,6%
Muy raramente	27,4%	31,6%
Nunca	17,0%	12,4%

Nota. Base real: 493 sujetos.

Tabla 5. *Situaciones sociales en que se habla mapudungún en la Región Metropolitana*

Situaciones sociales en que se habla mapudungún	Porcentajes
Con familiares del sur	28,2%
Entre integrantes de la familia	27,4%
Con familiares en la Región Metropolitana	22,1%
En actividades rituales y religiosas	6,6%
En encuentros con otros indígenas en la calle	5,8%
En reuniones sociales con amigos y parientes	4,2%
Con otras personas en reuniones de organizaciones	2,0%
En el trabajo con otros mapuches	1,9%
En reuniones en la escuela (entre apoderados mapuches)	1,0%
Con funcionarios de servicios o instituciones públicas	0,0%
Otros casos	0,7%

Nota. Base real: 1.144 sujetos.

Todas estas investigaciones apuntan a la pérdida del uso de la lengua mapuche, sobre todo en sectores urbanos y en situaciones comunicativas vinculadas a ámbitos no tradicionales de la cultura mapuche. Uno de los determinantes de este desplazamiento es, sin duda, la falta de recursos léxicos y estilísticos que permitan expresar a través de esta lengua tópicos relativos a ámbitos modernos[2]. Esta falta de desarrollo no ha dependido de factores lingüísticos, sino que ha estado determinada por la censura del discurso en mapudungún en estos ámbitos, monopolizados por el español. En este contexto, la modernización de la lengua mapuche debe apuntar a la creación de neologismos y de registros que permitan reorganizar, en sentido igualitario, la relación entre el mapudungún y el español (Chiodi y Loncon 1999, p. 21-25).

---

[2] Para obtener una visión más integradora sobre las causas de este desplazamiento, junto con la investigaciones revisadas en este apartado, véase Lagos (2005), Zúñiga (2007) y Gundermann *et al.* (2009).

II. Neología léxica

A. *Aspectos generales*

En términos generales, la *neología* puede ser definida como la disciplina que estudia los fenómenos nuevos que aparecen en las lenguas, los que pueden manifestarse en cualquiera de sus niveles descriptivos: fonético, fonológico, morfológico, sintáctico y léxico. Cuando estos fenómenos se presentan en el último de estos planos hablamos de *neología léxica*, campo que nos ocupará en esta investigación. La neología léxica estudia los neologismos léxicos, es decir, las "unidades lexemáticas [nuevas] con capacidad referencial que pueden constituir una entrada de diccionario, ya sean unidades simples o formadas sintagmáticamente" (Cabré, 1993, p. 444).

Tradicionalmente, la definición de este tipo de neología solo ha cubierto los procesos lingüísticos de formación de palabras nuevas, aproximación que resulta insuficiente si consideramos que las palabras se utilizan y adquieren significados en situaciones sociopolíticas determinadas. Por lo anterior, la neología debe contemplar también perspectivas de tipo cultural y político. Desde una perspectiva cultural, es posible estudiar la evolución, el desarrollo técnico y cultural, la idiosincrasia, los valores y creencias de una sociedad a partir de sus unidades léxicas. Desde una visión política, es factible analizar y asegurar la pervivencia de una lengua en tanto sistema apto para todas las necesidades expresivas y comunicativas de sus hablantes.

B. *Detección y clasificación de neologismos léxicos*

El concepto de *neologismo léxico* se considera bastante estabilizado; la Real Academia Española (2001), por ejemplo, lo define como "vocablo, acepción o giro nuevo en una lengua". Sin embargo, los parámetros de identificación de estas unidades son muy diversos, por lo que la denominación *neologismo* puede volverse polémica. A esto contribuye, además, el hecho de que, por definición, la neología es siempre una condición diacrónica: algo que en una determinada sincronía es neológico puede dejar de serlo en la próxima (Cabré, 2004, Els Observatoris de neologia, ¶ 8).

Algunos de los criterios utilizados en el reconocimiento de los neologismos son los siguientes (Cabré, 1993, p. 445): el *cronológico*, de acuerdo con el cual una unidad es neológica si su aparición es reciente; el *lexicográfico*, según el cual una unidad es neológica si no aparece en determinados diccionarios; el *psicolingüístico*, de acuerdo con el cual una unidad es neológica si el hablante la percibe como nueva, y la *inestabilidad sistemática*, según la cual una unidad es neológica si presenta signos de inestabilidad formal o semántica. Estos criterios no se excluyen entre sí, no presentan las mismas garantías ni tienen el mismo ámbito de aplicación. Según Cabré (1993, pp. 445-446), la mayoría de los estudiosos de la neología prioriza el parámetro lexicográfico, por lo que el problema se desplaza al establecimiento del corpus lexicográfico de referencia, llamado también *corpus de exclusión*.

En cuanto a la organización de los neologismos, estos pueden clasificarse de acuerdo con, al menos, tres criterios: el *proceso de formación*, la *vía de creación y penetración en la lengua* y el *ámbito de uso*. La clasificación más extendida de los neologismos, según el primer criterio, establece que pueden generarse a partir de un proceso de creación *ex-nihilo* (de la nada); de un proceso de formación mediante los recursos propios de la lengua (morfológicos, sintácticos, semánticos y fonológicos), o de un proceso de adopción de préstamos, que incluye tanto los préstamos propiamente dichos como los calcos semánticos. De estos tres tipos de formación, el segundo es el más frecuente.

Desde este mismo punto de vista, Cabré (1993, pp. 447-448) distingue cuatro tipos básicos de neologismos: los *neologismos de forma*, que incluyen los formados por derivación (prefijación y sufijación), composición (actual, culta e híbrida), sintagmación y truncación (siglación, acronimia y abreviación); los *neologismos de función*, que comprenden los casos de lexicalización de una forma flexiva y los formados por conversión sintáctica; los *neologismos semánticos*, que incluyen los procesos de ampliación, restricción y cambio del significado de la forma base, y los *neologismos de préstamo*, que comprenden los préstamos propiamente tales y los calcos.

De acuerdo con la vía de creación y penetración en la lengua, las nuevas unidades léxicas pueden ser *neologismos espontáneos*, si son el resultado de un acto de creación individual, o *neologismos planificados* si surgen a partir de órganos institucionales (aunque también pueden ser creaciones individuales). En el primer caso pueden surgir por la necesidad de denominar un concepto nuevo, aunque lo más frecuente es que surjan con el objetivo de introducir una variación expresiva en el sistema de denominación (*neologismos expresivos*). En el segundo, los neologismos surgen para denominar un concepto nuevo (*neologismos referenciales*) o bien erradicar una denominación que no es considerada la más idónea (*normalización léxica o terminológica*).

Por otra parte, en cuanto al éxito de ambos tipos de neología, el de la neología espontánea radica en las posibilidades de difusión de las nuevas unidades; mientras que el de la neología planificada, en las medidas de implantación utilizadas, las que suelen ser institucionales: la escuela, los medios de comunicación y la administración. Además, como señala Cabré, para que la neología planificada logre implantarse en el uso,

> ha de conèixer els recursos que amb més força i espontaneïtat utilitza la col·lectivitat parlant, analitzar-los, i, si els considera convenients, explotar-los al màxim en les seves creacions, per aixì promoure ls i confiar a poc a poc la creació de recursos estables a la pròpia comunitat (2000, p. 87)[3].

Junto con lo anterior, estos dos tipos de neología pueden entregarnos información relevante sobre el estado de una lengua. El análisis de los procesos y recursos utilizados en la creación de neología espontánea nos permite medir el grado de *vitalidad interna* que esta tiene. El análisis de la neología planificada, en cambio, proporciona información sobre la *sistematicidad* de la planificación y el grado de adecuación a los procesos de creación espontánea más evidentes para los hablantes (Cabré, 2004, Aplicacions de la neologia, ¶ 2).

Por último, de acuerdo con los ámbitos de uso, podemos diferenciar entre *neología general*, aquella que es propia de la lengua común, es decir, de los usos de todos los hablantes; y *neología especializada* o *neonimia*, que es la que forma parte de los ámbitos y usos especializados y es generada, fundamentalmente, por especialistas o por traductores o intérpretes especializados que transmiten a la comunidad información relativa a temas especializados. Aunque esta distinción ha sido tradicionalmente aceptada dentro de la neología, para algunos autores (Cabré *et al.*, 2002, p. 94), la frontera entre ambos tipo de neologismos no es nítida, sino que presenta la misma gradación que se establece entre las palabras y los términos.

C. *Implantación de neologismos*

Para que los neologismos logren ser implantados en la comunidad lingüística deben cumplir una serie de criterios, vinculados tanto al término mismo como a su proceso de creación. Respecto de los primeros, podemos distinguir entre criterios lingüísticos y sociolingüísticos.

Los lingüísticos establecen que la palabra nueva debe (Cabré, 1993, p. 451):

- denominar un concepto estable, delimitado previamente de forma clara y explícita, con el que debe mantener una relación de univocidad;

---

[3] 'ha de conocer los recursos que con más fuerza y espontaneidad utiliza la colectividad hablante, analizarlos, y, si los considera convenientes, explotarlos al máximo en sus creaciones, para así promoverlos y confiar poco a poco la creación de recursos estables a la propia comunidad' (la traducción es nuestra).

- ser breve y concisa, aunque en determinados campos sean más frecuentes las formaciones sintagmáticas;
- estar formada de acuerdo con las reglas del propio sistema lingüístico;
- ser lo más transparente posible;
- poder constituir la base de series derivativas;
- adaptarse al sistema fonológico y ortográfico de la lengua.

Junto con estas condiciones, una unidad nueva debe cumplir con los siguientes principios de tipo sociolingüístico (Cabré, 1993, p. 452):
- debe originarse a partir de una necesidad, es decir, debe denominar un concepto nuevo, evitar variantes concurrentes o desplazar formas inadecuadas;
- no debe presentar connotaciones negativas ni provocar asociaciones inconvenientes;
- (en el caso de la neonimia) debe pertenecer a un registro formal de especialidad;
- debe poder memorizarse sin dificultad excesiva;
- no debe contradecir las líneas básicas de la política lingüística establecida.

Finalmente, en el proceso de creación de unidades nuevas se debe proceder metodológicamente de forma rigurosa, siguiendo los siguientes criterios (Cabré, 1993, p. 152):
- se debe contar con la presencia de especialistas que orienten las propuestas neológicas;
- (en el caso de la neonimia) no se debe contradecir las reglas que siguen las demás unidades del mismo campo de especialidad;
- se debe asumir que una forma inaceptable, aunque esté ampliamente consolidada en el uso, puede desarraigarse;
- no se debe proceder a la normalización de un término sin considerar el sistema conceptual y denominativo del que forma parte.

No obstante, no hay que olvidar que la comunidad lingüística siempre tiene la última palabra, por lo que el cumplimiento de los criterios esbozados no asegura la implantación definitiva de los términos. Como señala Cabré, en neología siempre hay que contar con la dinámica de las lenguas y la libertad de sus usuarios, quienes actúan más allá de las instituciones y los planes (1993, p. 152).

D. *Neología espontánea y vitalidad interna*

Para Cabré (2004), "una de les mostres del vigor intern i extern d'una llengua és la seva capacitat de crear noves paraules"[4] (La neologia com a camp d'estu-

---

[4] 'una de las muestras del vigor interno y externo de una lengua es su capacidad de crear palabras nuevas' (la traducción es nuestra).

di, ¶ 3). Por ello, en sucesivas publicaciones (Cabré, 2000; Cabré *et al.* 2002) examina los procesos y recursos de formación de neología espontánea del catalán, poniéndolos en relación con su vitalidad lingüística. Para esta autora, es posible medir la *vitalidad interna*[5] de una lengua a través del análisis de la frecuencia de uso de los distintos procesos y recursos de creación léxica que espontáneamente utilizan sus hablantes para producir palabras nuevas. Para ello organiza los diversos *procesos* y *recursos neológicos* utilizados en un *eje de vitalidad*, de modo que aquellos que implican una mayor actividad –medida en términos de la participación del usuario en la formación del neologismo– ocupan el polo de mayor vitalidad, mientras que los que reclaman una actitud más pasiva ocupan el polo de menor vitalidad.

De esta forma, en el polo de máxima vitalidad se ubican los procesos de formación propios del sistema lingüístico y en el polo de menor vitalidad, las formas tomadas en préstamos de otras lenguas. Entre uno y otro polo, además, los distintos recursos de los procesos se distribuyen en forma de un continuo. Para la organización de este continuo, Cabré entrega dos propuestas. En la primera de ellas (2000, pp. 102-103), organiza los recursos de la adopción de préstamos en un eje en cuyo polo de máxima vitalidad se encontrarían los préstamos adaptados fonológica, gráfica y gramaticalmente; y en el de mínima, los préstamos no adaptados. En la Figura 1 se presenta el eje completo.

Figura 1. *Eje de vitalidad de los recursos de adopción de préstamos*

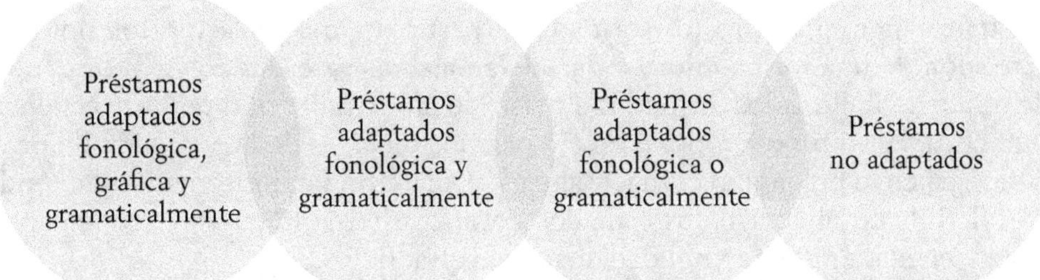

Con respecto a los recursos de formación propios, señala que un eje de este tipo no sería tan fácil de establecer, dado que, hasta la fecha, no se cuenta con pruebas de carácter psicolingüístico que den a cada recurso del proceso un valor de vitalidad bien fundamentado. En este sentido, si consideramos que, en los procesos de formación de neologismos, los hablantes forman las nuevas palabras a partir de la imitación de esquemas interiorizados psicológicamente, se debería

---

5   La autora distingue este tipo de vitalidad de la que denomina *externa*, la que es descrita como la actividad de una lengua de producir, de forma planificada, léxico nuevo con el propósito de normalizar determinados usos.

poder establecer si imitar un esquema, por ejemplo, de derivación, implica más o menos actividad que aplicar uno, por ejemplo, de composición.

En una comunicación posterior (Cabré *et al.*, 2002, pp. 95-96), establece algunas diferencias en la organización de los recursos de ambos procesos entre los polos de mínima y máxima vitalidad. En términos generales, propone el siguiente continuo:

Figura 2. *Eje de vitalidad de procesos y recursos de formación*

De acuerdo con este, los neologismos formales implicarían un nivel de vitalidad alto; los semánticos un nivel medio, y los préstamos un nivel bajo. Además, respecto de los recursos formales propone un continuo en cuyo polo de máxima vitalidad se encontrarían los neologismos formados a partir de una regla morfológica de la lengua –creación de una palabra nueva combinando elementos existentes–; en el centro los formados a partir de una regla morfofonológica –creación de una forma nueva a partir de palabras ya existentes–, y en el polo de mínima vitalidad los formados a partir de la lexicalización de una secuencia sintáctica. Por último, propone un eje para los recursos de la adopción de préstamos, en cuyo polo de máxima vitalidad se encontrarían los tomados del fondo grecolatino; en el centro, los tomados de otro sistema lingüístico, con adaptación, y en el de mínima vitalidad, los no adaptados.

Más allá de las particularidades de cada propuesta, es posible afirmar, en términos generales, que si en un conjunto de neologismos espontáneos hay un alto porcentaje de neologismos formados a partir de los recursos propios de la lengua, esta, representada por la actividad de sus hablantes, tiene un nivel de vitalidad interna bastante aceptable. Por el contrario, si el porcentaje de préstamos en este tipo de neología supera ampliamente el de los neologismos de formación, el grado de vitalidad de la lengua es débil y su futuro, incierto (Cabré, 2000, p. 104).

Por último, es necesario subrayar que investigaciones de este tipo no solamente pueden dar luces sobre la vitalidad interna de las lenguas, sino que también pueden ayudar a implantar de manera eficiente la neología planificada. Los datos sobre la neología espontánea deben ser considerados en el diseño de una política institucional sobre la neología de una lengua, dado que los recursos que los hablantes utilizan de forma espontánea evidencian un mayor nivel de naturalidad en la creación de palabras. Es más, si la planificación neológica pretende implantar las nuevas formas en el uso real de los hablantes, los procesos y recursos más productivos de la creación espontánea deben ser priorizados.

1. Los casos del catalán y el español de Chile

A continuación presentaremos los principales resultados de dos investigaciones que examinan la vitalidad interna de una lengua a partir del análisis de sus procesos de creación de neología espontánea[6]. Ambas utilizan la misma metodología, emplean el criterio lexicográfico en la detección de los neologismos y cuentan con un sistema computacional que les permite realizar un vaciado de prensa escrita de amplia difusión. Al trabajar con estas fuentes, los neologismos relevados corresponden a un tipo de neología espontánea *filtrada*, dado que los equipos de revisión de los que disponen las empresas periodísticas pueden intervenir e, incluso, introducir formas lingüísticas que no son el fruto de la espontaneidad, sino de la planificación (Cabré, 2000, p. 99).

La primera de ellas (Cabré, 2000; Cabré *et al.*, 2002) examina la productividad de los procesos y recursos de creación neológica de la lengua catalana, teniendo como muestra 5.328 neologismos extraídos de prensa de amplia difusión publicada en Barcelona durante el año 1995. Los resultados de esta investigación muestran que los procesos de formación propios del catalán son los más productivos (78,76%) y que la adopción de préstamos registra una baja productividad (21,28%), tal como se presenta en la Tabla 6.

Tabla 6. *Productividad de los procesos neológicos del catalán*

Procesos neológicos	Valores absolutos	Porcentajes
Formación propia	4.196	78,76%
Adopción de préstamos	1.132	21,24%

En cuanto a los recursos de cada proceso, los más productivos de la formación propia son la prefijación (23,27%) y la sufijación (17,94%), tal como se aprecia en la Tabla 7. Respecto de la adopción de préstamos, no se ofrece una cuantificación de sus recursos; solo se señala que presenta un grado de variación importante, la que puede ser ortográfica, tipográfica o morfológica. Con toda esta información, Cabré *et al.* (2002, p. 104) concluyen que "la llengua catalana posseeix un grau de vitalitat interna acceptable ja que el percentatge

---

[6]   Las dos forman parte de la red de Observatorios de Neología coordinados por el Instituto Universitario de Lingüística Aplicada de la Universidad Pompeu Fabra.

de les unitats formades amb els recursos del propi sistema és bastant superior al de les manllevades d altres llengües"[7].

Tabla 7. *Recursos de formación propia más productivos del catalán*

Recursos formación propia	Valores absolutos	Porcentajes
Prefijación	1.240	23,27%
Sufijación	956	17,94%

En la segunda investigación (Fuentes *et al.*, 2009) se examina la productividad de los procesos y recursos neológicos del español de Chile, a partir de un corpus de 5.021 neologismos extraídos de prensa de circulación nacional y regional, publicada durante los años 2003 y 2005. Al igual que en la investigación anterior, los resultados de este trabajo revelan que los procesos de formación propia son los más productivos (71,32%) y que la adopción de préstamos presenta una baja productividad (28,68%), como se expone en la Tabla 8.

Tabla 8. *Productividad de los procesos neológicos del español de Chile*

Procesos neológicos	Valores absolutos	Porcentajes
Formación propia	3.581	71,32%
Adopción de préstamos	1.440	28,68%

Con respecto a los recursos de cada proceso, los más productivos de la formación propia son la sufijación (17,5%) y la prefijación (14,12%), tal como se expone en la Tabla 9. En cuanto a la adopción de préstamos, los sin adaptación (25,51%) superan ampliamente a los adaptados (3,17%), como se presenta en la Tabla 10. Finalmente, respecto de la vitalidad interna de esta variedad de español, las autoras no se pronuncian. Sin embargo, dada la similitud de los porcentajes de productividad de sus procesos neológicos, creemos que las conclusiones sobre el catalán también son válidas para el español de Chile.

Tabla 9. *Recursos de formación propia más productivos del español de Chile*

Recursos formación propios	Valores absolutos	Porcentajes
Sufijación	879	17,50%
Prefijación	709	14,12%

Tabla 10. *Recursos adopción de préstamos más productivos del español de Chile*

Recursos la adopción de préstamos	Valores absolutos	Porcentajes
Préstamos adaptados	1.281	25,51%
Préstamos no adaptados	159	3,17%

---

[7] 'la lengua catalana posee un grado de vitalidad interna aceptable ya que el porcentaje de las unidades formadas con los recursos del propio sistema es bastante superior al de las tomadas de otras lenguas' (la traducción es nuestra).

III. Metodología de trabajo

A. *Muestra*

Para examinar la creación neológica en el mapudungún de Santiago de Chile, se entrevistó a 18 sujetos, 9 de género masculino (los primeros 9 de la Tabla 11) y 9 de género femenino (los últimos 9 de la misma tabla). Todos tenían al menos 10 años de residencia en Santiago, participaban en organizaciones indígenas de esta ciudad y poseían competencia activa en lengua mapuche. Para asegurar esta competencia se empleó la técnica de *observación participante*. Se entrevistó, por tanto, exclusivamente a personas conocidas directa o indirectamente por la investigadora, con reconocida competencia activa en lengua mapuche. En la Tabla 11 se presentan las características sociodemográficas de los entrevistados.

Tabla 11. *Características sociodemográficas de los entrevistados*

N°	Edad	Lugar de nacimiento	Años residencia Stgo.	Estudios	Ocupación actual	Organización en la que participa	
						Nombre	Comuna
1	30	Los Andes	23	SeC	Estudiante universitario	*Kilapan*	Transcomunal
2	56	Temuco	28	SeC	Auxiliar de un colegio	*Kolokolo*	Stgo. Centro
3	69	Puerto Saavedra	56	SuC	Profesor jubilado	*Likanmapu*	Stgo. Centro
4	67	Maquehue	45	SuC	Profesor de cultura mapuche	*Kolokolo*	Stgo. Centro
5	42	Galvarino	18	SeC	Funcionario público	Comisión lingüística mapuche de la Región Metropolitana	Transcomunal
6	61	Menoco	35	SuC	Administrativo de un colegio	*Likanmapu*	Stgo. Centro
7	64	Dollinco	40	PI	Panadero	*Kimünche*	Peñalolén
8	38	Santiago	38	SeC	Trabajador dependiente	*Melirewe*	Pudahuel
9	45	Quetrahue	25	SuI	Trabajador dependiente	*Dunguyu*	Transcomunal
10	64	Cholchol	30	SeC	Profesora de lengua y cultura mapuches	*Trayen Mapu*	Santiago
11	60	Nueva Imperial	33	SeI	Peluquera	*Newen*	Lo Prado
12	54	Traiguén	25	SuC	Atención de público	*Folilche Aflayay*	Peñalolén
13	51	Budi	45	PI	Dueña de casa	*Kimünche*	Peñalolén
14	54	Nueva Imperial	39	PC	Dueña de casa	*Kimünche*	Peñalolén
15	30	Galvarino	12	SeC	Trabajadora dependiente	*Melirewe*	Pudahuel
16	57	Santiago	50	SeC	Profesora de lengua y cultura mapuches	*Newen*	Lo Prado
17	54	Pubudi	35	SeI	Dueña de casa	*Melirewe*	Pudahuel
18	55	Lumaco	30	SuI	Trabajadora dependiente	*Folilche Aflayay*	Peñalolén

Nota. PI: primarios incompletos; PC: primarios completos; SeI: secundarios incompletos; SeC: secundarios completos; SuI: superiores incompletos; SuC: superiores completos.

B. *Neologismos a elicitar*

Se trabajó con la elicitación de 20 unidades léxicas referidas a objetos y lugares. Para determinar su carácter neológico se utilizó el criterio lexicográfico. Compartimos la elección de los Observatorios de Neología, los que han elegido el mismo criterio por considerarlo el más objetivable (no objetivo). En este sentido, Cabré (2004) señala que "aquest és un criteri molt discutible, però s ha adoptat ateses les seves possibilitats d aplicació sistemàtica"[8] (Els Observatoris de neologia, ¶ 10). Para ello, el corpus de exclusión utilizado fue el *Diccionario Araucano-Español y Español-Araucano* de Augusta (1916), por considerarlo la obra lexicográfica mapuche más importante. De acuerdo con esto, las denominaciones en español de los conceptos que se esperaba elicitar fueron contrastadas con Augusta (1916), no arrojando ningún resultado positivo.

Junto con lo anterior, debemos señalar que se trabajó exclusivamente con la creación de sustantivos. Esto se debió a que diversas investigaciones (cfr. Fuentes *et al.*, 2009, para el español de Chile; Cabré, 2002, para el catalán) han demostrado que los nombres son los neologismos más productivos, tanto en la neología espontánea como en la planificada. Según Fuentes *et al.* (2009), esto podría deberse a que "el hablante denomina primeramente objetos concretos o abstractos con los que puede designar diversas realidades, tal como se ha dado históricamente en la lengua española" (p. 119).

C. *Instrumentos*

Con el objetivo de elicitar las denominaciones dadas por los 18 entrevistados a los 20 conceptos, se diseñó un instrumento que incluía fotografías en las que aparecían los referentes de los conceptos cuyos nombres se esperaba elicitar. Se utilizó la visualización como método estructurador del instrumento por considerarla más directa y porque con ella, a diferencia de lo que ocurre con otros métodos, como el onomasiológico, "no se necesita ningún ejercicio mental de concretización a partir de la definición más o menos abstracta" (Ueda, 1996, Encuesta directa, ¶ 8).

Para favorecer el carácter espontáneo de los neologismos, las fotografías incluidas en el instrumento no presentaban los referentes de manera aislada, sino que exponían acciones desempeñadas por un sujeto (el mismo en todas las fotografías) en las que estos estaban incluidos. Por otro lado, para facilitar la ejecución de la tarea solicitada a los informantes, las imágenes se ordenaron de forma de recrear una rutina diaria que resultase cercana a los entrevistados. En la Tabla

---

[8]   'este es un criterio muy discutible, pero se ha adoptado dadas sus posibilidades de aplicación sistemática' (la traducción es nuestra).

12 se presentan las descripciones en español de las fotografías consideradas en el instrumento, de las cuales se pueden extraer los conceptos cuyos nombres se buscó elicitar (se escriben en negritas). Las palabras con las que se nombran estos conceptos corresponden al español –general– de Chile.

Tabla 12. *Descripción en español de las fotografías consideradas en el cuestionario*

N°	Descripción en español
1	Sujeto prendiendo un **televisor**
2	Sujeto corriendo una **cortina**
3	Sujeto poniendo una **ampolleta**
4	Sujeto prendiendo un equipo de **radio**
5	Sujeto abriendo un **refrigerador**
6	Sujeto poniendo ropa en una **lavadora**
7	Sujeto poniendo **detergente** en una lavadora
8	Sujeto poniéndose unos **lentes ópticos**
9	Sujeto subiendo a un **ascensor**
10	Sujeto entrando a una **farmacia**
11	Sujeto subiendo a un **microbús**
12	Sujeto subiendo a un carro de **metro**
13	Sujeto escribiendo en un **computador**
14	Sujeto utilizando un *mouse*
15	Sujeto utilizando una **calculadora**
16	Sujeto hablando por un **teléfono fijo**
17	Sujeto prendiendo un **ventilador**
18	Sujeto hablando por un **teléfono celular**
19	Sujeto poniéndose una **bufanda**
20	Sujeto subiendo a un **automóvil**

Por último, es importante señalar que el instrumento, además de la sección de las fotografías, incluía una sección de preguntas destinadas a obtener la caracterización sociodemográfica de los entrevistados.

D. *Procedimientos*

Al aplicar el instrumento se pidió a los entrevistados que se pusieran en la hipotética situación de tener que describir las acciones contenidas en las fotografías a otro mapuche hablante de la ciudad de Santiago, dentro de una situación comunicativa cotidiana e informal. De esta forma, los neologismos no fueron recogidos de manera aislada, sino que dentro de descripciones en mapudungún. En la Tabla 13 se presentan algunos ejemplos de las descripciones realizadas por los entrevistados.

Tabla 13. *Ejemplos de descripciones de la primera fotografía del instrumento*

Descripción en mapudungún	Traducción al español	Sujeto
Kiñe domo amulalu tüfachi amuladentuwe	Una mujer hará andar este aparato que hace ir las imágenes	1
Petu üyümi televisor	Está prendiendo el televisor	2
Petu leliniefi ñi konpakelu mongen	Está teniendo visto la vida que entra hacia acá	16
Lüpümmekey televisor	Está encendiendo el televisor	17

Además, para evitar que los neologismos surgiesen de un proceso de reflexión normativa de los hablantes –propio de la neología planificada–, se les señaló que el propósito del trabajo no era someter a evaluación las palabras nuevas obtenidas, sino tan solo conocerlas, describirlas y clasificarlas. Junto con lo anterior, se les pidió que, luego de un examen general de las imágenes, las describieran de manera inmediata, con el fin de que las respuestas al estímulo se acercasen más a un acto de creación espontáneo-individual y menos a uno planificado-normativo.

Finalmente, cabe señalar que el instrumento fue aplicado personalmente por la investigadora, quien, en algunos casos, contó con la ayuda de un hablante competente (Antonio Chihuaicura). Además, fue aplicado en los lugares que los sujetos estimaron más convenientes, siempre que estos cumplieran con las condiciones necesarias para registrar en audio la aplicación.

E.   Corpus

El corpus estuvo constituido por las formas neológicas obtenidas a partir de las respuestas de los entrevistados a los estímulos visuales del instrumento (360 en total). Los neologismos obtenidos de esta manera fueron 379, ya que en 19 respuestas los sujetos entregaron dos neologismos por concepto.

F.   Procesamiento de los resultados

Todas las respuestas a los estímulos visuales fueron grabadas, transcritas fonológicamente según el *Alfabeto Fonético Internacional* y traducidas al español. En el proceso de traducción al español se recurrió al conocimiento de la investigadora sobre la lengua mapuche; a diccionarios (Augusta, 1916; Catrileo, 2005); al conocimiento de profesores de lengua mapuche (Clara Antinao y Antonio Chihuaicura); y, en último caso (en lo relativo a aquellas palabras provenientes de variedades regionales poco descritas), a los propios entrevistados. Finalmente, todas las traducciones fueron revisadas por el profesor Gilberto Sánchez.

Para la descripción de los procesos y recursos de creación neológica se utilizó como base la clasificación presentada en Observatorio de Neología (2004) y en

Cabré y Estopà (2009), la que fue adaptada a las particularidades de la lengua mapuche. Para ello se utilizaron descripciones, gramáticas y estudios sobre el mapudungún (Catrileo, 2010; Chiodi y Loncon, 1999; Harmelink, 1990; Hernández, Ramos y Huenchulaf, 2006; Salas, 2006; Smeets, 2008; Zúñiga, 2006). Para la evaluación de la vitalidad de la lengua mapuche se utilizó el eje de vitalidad expuesto en Cabré (2000).

Respecto de la clasificación de los préstamos, se optó por considerar los de incorporación temprana (registrados en Augusta, 1916; Lenz, 1940; Giese, 1947-1949; Oroz, 1947-1949; o Rabanales, 1953) como parte del léxico mapuche. Además, para evaluar su adaptación fonológica, se consideró la adaptación parcial al mapudungún, es decir, la adaptación de al menos un fonema o la dislocación acentual. Esto último permitió estimar la adaptación fonológica de los préstamos compuestos en su totalidad por fonemas compartidos por la lengua mapuche y el español.

Finalmente, en el análisis de la productividad de los procesos y recursos de creación neológica se cuantificó la frecuencia de uso de los neologismos (*token frequency*), y no el número de formas distintas originadas por cada recurso y proceso (*type frequency*).

IV. Creación neológica en el mapudungún de Santiago de Chile

En primer lugar, se ofrecerá un análisis –cualitativo y posteriormente cuantitativo– de los 379 neologismos elicitados; en segundo, una valoración de la vitalidad de la lengua mapuche a partir de los resultados obtenidos en el último de estos análisis; y, en tercer lugar, una categorización de las 360 respuestas dadas por los entrevistados a los estímulos visuales.

A. Neologismos registrados

1. ANÁLISIS CUALITATIVO

Los procesos utilizados para renovar el léxico del mapudungún fueron dos: los propios del sistema lingüístico (207 casos) y la adopción de préstamos (172 casos). Dentro de los primeros se registraron tanto recursos formales (155 casos) como semánticos (155 y 52 casos, respectivamente). Dentro del segundo proceso, se reconocieron préstamos con y sin adaptación (39 y 133 casos, respectivamente). A continuación se presenta un análisis detallado de los neologismos creados a partir de los procesos y recursos anteriormente señalados. Cada uno de ellos se presentará numerado y será analizado en tres, cuatro o cinco líneas, dependiendo de su recurso de formación. En la primera de las líneas se escribirá el neologismo según el *Alfabeto Mapuche Unificado*, separando sus constituyentes, cuando sea necesario. En este registro se respetarán las variantes de una misma palabra entregada por diferentes sujetos (p.e, *iyal, iyael* y *yagel*). En la segunda línea se ofrecerá en análisis morfológico y/o semántico; en la tercera, una traducción semi libre al español; en la cuarta, se presentará el nombre en español del referente para el cual fue elicitado el neologismo; y en la quinta y última, la identificación del o los sujetos que emplearon el neologismo.

1.1. Procesos de creación propios del mapudungún

1.1.1. Recursos formales

Los 155 neologismos formales constatados en el corpus se formaron a partir de los recursos de derivación (56 casos), composición (14 casos), derivación y composición (63 casos), derivación y sintagmación (4 casos) y formación de oraciones (18 casos).

a. Derivación

La *derivación* consiste en la adición de un morfema derivacional (sufijo, infijo y/o prefijo) a una base léxica. Siguiendo a Coseriu (1977, 1978), Catrileo (2010) describe este recurso como *composición prolexemática*, definiéndola como la unión de un lexema y un agente pronominal que se refiere a persona o cosa (p. 91).

En el corpus de registraron 56 neologismos formados a partir de este recurso. De ellos, 47 correspondieron a la adición del sufijo *-we*, 8 a la adición de *-peyüm* y uno a la adición de *-fe*. En cuanto al primer sufijo mencionado, este se une a una raíz verbal proveniente de un sustantivo e indica "el lugar o instrumento para realizar la noción expresada por el lexema primario que, de este modo, se convierte en sustantivo" (Catrileo, 2010, p. 84). Catrileo también señala que este sufijo, en tanto agente espacial, puede combinarse con lexemas sustantivos y verbales (2010, p. 92). De los 47 casos registrados, 46 hacen alusión al instrumento con el que se realiza la noción expresada por el verbo (1-31), mientras que solo uno (32) se refiere al lugar donde abunda el sustantivo con el que se combina.

Los neologismos creados mediante la adición del sufijo *-we* fueron los siguientes:

(1)   *alüm-we*
      alumbrar-NOM
      'instrumento para alumbrar'
      R: ampolleta
      S: 11

(2)   *küde-l-we*
      antorcha-VERB-NOM
      'instrumento para alumbrar (con antorcha)'
      R: ampolleta
      S: 9

(3)   *kullkull-tu-we*
      instrumento de viento-VERB-NOM
      'instrumento para llamar (mediante este instrumento)'
      R: teléfono celular
      S: 9

(4)   *kücha-we*
lavar-NOM
'instrumento para lavar'
R: lavadora
S: 17

(5)   *kücha-n-we*
lavar-INF-NOM
'instrumento para lavar'
R: lavadora
S: 11

(6)   *kücha-tu-we*
lavar-TR-NOM
'elemento para lavar'
R: detergente
S: 4 y 10

(7)   *kücha-tu-we*[9]
lavar-TR-NOM
'instrumento para lavar'
R: lavadora
S: 2, 6, 7, 9, 10, 13, 15 y 18

(8)   *kücha-n-tu-we*
lavar-INF-TR-NOM
'instrumento para lavar'
R: lavadora
S: 16

(9)   *küdaw-we*
trabajar-NOM
'instrumento para trabajar'
R: mouse
S: 7

---

[9]   Esta forma –y su variante (8) *küchantuwe*– fue incluida como neologismo formal y no como neologismo semántico –a pesar de figurar en Augusta como Lavatorio (1916, p. 83)– dado que la mayoría de los hablantes hicieron alusión al significado presentado en este trabajo y no al registrado en la obra lexicográfica antes mencionada (lo que sí ocurrió con gran parte de los neologismos semánticos registrados). Los que no hicieron referencia al significado del término fueron contactados, confirmando la traducción presentada.

(10)   *kürüf-tu-we*
viento-VERB-NOM
'instrumento para ventilar'
R: ventilador
S: 7

(11)   *füdkü-l-we*
fresco-VERB-NOM
'instrumento para refrescar'
R: ventilador
S: 5

(12)   *fidkü-n-tu-we*
estar fresco-INF-TR-NOM
'instrumento para refrescar'
R: refrigerador
S: 13

(13)   *fishkü-n-tu-we*
estar fresco-INF-TR-NOM
'instrumento para refrescar'
R: refrigerador
S: 16

(14)   *leli-we*
mirar-NOM
'instrumento para mirar'
R: lentes ópticos
S: 6

(15)   *lif-tu-we*
limpio-VERB-NOM
'elemento para limpiar'
R: detergente
S: 7 y 18

(16)   *mütrüm-we*
llamar-NOM
'instrumento para llamar'
R: teléfono fijo
S: 8, 10 y 15

(17)   *mütrüm-we*
llamar-NOM
'instrumento para llamar'
R: teléfono celular
S: 5, 8 y 15

(18)   *pe-we*
ver-NOM
'instrumento para ver'
R: cortina
S: 16

(19)   *pelo-l-we*
ver-CA-NOM
'instrumento para hacer ver'
R: cortina
S: 5

(20)   *pelo-l-tu-we*
ver-CA-TR-NOM
'instrumento para hacer ver'
R: lentes ópticos
S: 9

(21)   *pe-nge-l-tu-we*
ver-PAS-CA-TR-NOM
'instrumento para mostrar'
R: televisor
S: 8

(22)   *raki-we*
contar-NOM
'instrumento para contar'
R: calculadora
S: 5, 10 y 14

(23)   *raki-l-we*
contar-CA-NOM
'instrumento para hacer contar'
R: calculadora
S: 15

(24)   *raki-n-we*
        contar-INF-NOM
        'instrumento para contar'
        R: calculadora
        S: 1

(25)   *raki-ñ[10]-we*
        contar-INF-NOM
        'instrumento para contar'
        R: calculadora
        S: 7

(26)   *raki-tu-we*
        contar-TR-NOM
        'instrumento para contar'
        R: calculadora
        S: 9

(27)   *raki-n-tu-we*
        contar-INF-TR-NOM
        'instrumento para contar'
        R: calculadora
        S: 16

(28)   *werkü-we*
        enviar (algo)-NOM
        'instrumento para enviar (algo)'
        R: computador
        S: 5

(29)   *wotri-n-tu-we*
        mirar-INF-TR-NOM
        'instrumento para mirar'
        R: lentes ópticos
        S: 18

---

[10]   Variante del -(*ü*)*n* INF.

(30)   *wotri-n-tu-we*
       mirar-INF-TR-NOM
       'instrumento para mirar'
       R: cortina
       S: 18

(31)   *wütri-n-tu-we*
       mirar-INF-TR-NOM
       'instrumento para mirar'
       R: cortina
       S: 9

(32)   *lawen-we*
       remedios-LOC
       'lugar donde hay remedios'
       R: farmacia
       S: 18

Con respecto al sufijo *-peyüm*, Chiodi y Loncon señalan que "se usa para señalar el instrumento de que uno se sirve para cierta acción o para indicar el lugar donde ocurre la acción" (1999, p. 148). Catrileo, por su parte, sostiene que este sufijo "en combinación con lexemas sustantivos y verbales señala un instrumento que sirve para realizar alguna actividad o fuente que da origen a una actividad o comportamiento" (2010, p. 92). En el corpus, todos los casos registrados señalan el instrumento con el que se realiza la noción expresada por el verbo.

Los 8 neologismos formados a partir de la adición de este sufijo fueron los siguientes:

(33)   *fidkü-peyüm*
       estar fresco-NOM
       'instrumento para refrescar'
       R: ventilador
       S: 13

(34)   *kücha-nge-peyüm*
       lavar-PAS-NOM
       'instrumento para ser lavado (algo)'
       R: lavadora
       S: 8

(35)   *küdaw-peyüm*
       trabajar-NOM
       'instrumento para trabajar'
       R: calculadora
       S: 13

(36)   *küdaw-peyüm*
       trabajar-NOM
       'instrumento para trabajar'
       R: computador
       S: 13

(37)   *küdaw-peyüm*
       trabajar-NOM
       'instrumento para trabajar'
       R: mouse
       S: 13

(38)   *lif-peyüm*
       limpiar-NOM
       'elemento para limpiar'
       R: detergente
       S: 17

(39)   *mütrüm-wü[11]-peyüm*
       llamar-RECP-NOM
       'instrumento para llamarse recíprocamente'
       R: teléfono fijo
       S: 1

(40)   *mütrüm-wü-peyüm*
       llamar-RECP-NOM
       'instrumento para llamarse recíprocamente'
       R: teléfono celular
       S: 1

En relación con el sufijo *-fe*, Chiodi y Loncon indican que los sustantivos que lo contienen pueden designar oficios o personas que tienen habilidad y ejercicio

---

[11]   Variante del sufijo *-(u)w* (*-w* después de vocal; *-uw* después de consonante). La misma variante se presenta en el caso (40).

en cierto trabajo (1999, p. 149). Catrileo, en tanto, se refiere a él como marcador de agente y señala que esta unidad "se combina con lexemas verbales y convierte a estos en sustantivos y adjetivos que designan una actividad realizada con frecuencia o permanentemente" (2010, p. 84). En el corpus solo se registró un caso (41), *küchatufe*, el que creemos que corresponde a un calco[12] morfológico del español. De acuerdo con esto, la utilización del marcador de agente *–fe* para denominar un instrumento se debería a una analogía establecida por el hablante con la utilización del morfema *deverbal* español *–dor/–dora*. Este sufijo es "enormemente productivo en todas las variedades dialectales del español" (Lacuesta y Bustos, 1999, p. 4545) y, si bien se usa principalmente como un agentivo (p.e. nadar → nadador), también puede utilizarse para designar un equipo instrumental (p.e. lavar → lavadora) (Lang, 1990, p. 189). El neologismo creado mediante la adición de este sufijo fue el siguiente:

(41)   *kücha-tu-fe*
        lavar-TR-NOM
        'lavador(a)'
        R: lavadora
        S: 12

Por último, en cuanto a las bases léxicas con las que se combinaron estos sufijos, 55 correspondieron a raíces verbales y solo una, a una raíz nominal (32) .

b. Composición

La *composición* consiste en la unión de dos lexemas. Catrileo la denomina *composición lexemática* y señala que puede involucrar dos o tres lexemas que sirven de base. Indica también que en mapudungún pueden presentarse compuestos formados por dos lexemas sustantivos, adjetivo más sustantivo, dos adjetivos y un sustantivo, verbo más sustantivo, dos lexemas verbales, adjetivos más locativos, preposiciones más verbos y adverbios más verbos (2010, p. 99). En cuanto a la relación que se establece entre estos elementos, señala que

> generalmente, en *mapudungun* los compuestos formados por dos lexemas tienden a mostrar la relación que hay entre ellos mediante el orden en que se ubican. Así, el primero casi siempre determina al segundo, siguiendo el patrón adjetivo más sustantivo del sintagma nominal mapuche (2010, p. 99).

Se registraron en el corpus 14 casos de neologismos formados por composición. De ellos, 8 correspondieron a la unión de un verbo y un sustantivo

---

[12]   Entendemos calco como la utilización de "medios lingüísticos propios bajo influencia extranjera" (Lewandowski, 2000, p. 42).

(42-48) y 6, a la unión de dos sustantivos (49-51). Por otro lado, en cuanto a la relación establecida entre los lexemas a partir de su orden, en 11 compuestos se presentó el patrón general señalado por Catrileo (determinante más determinado); mientras que en 3 –(42) *allküdungun*, (48) *ekullpel* y (50) *rukalawen*– se presentó el orden inverso. En el primer neologismo –(42) *allküdungun*–, la inversión del orden canónico se debió a que la forma compuesta correspondía a un caso de incorporación nominal[13]; en particular, se trató de la incorporación del objeto directo, el cual se pospone al verbo. En el segundo caso –(48) *ekullpel*– se trató de una formación similar a una frase sustantiva genitiva, la que consiste en un tipo de construcción en la que el primer sustantivo forma, de algún modo, parte del segundo (Hernández *et al.*, 2006, p. 69). En el último caso –(50) *rukalawen*, forma que compite con (49) *lawenruka*, entregada por 4 sujetos– la alteración del orden canónico podría deberse a un fenómeno de variación dialectal o a la influencia del español, lengua en la que "el procedimiento más productivo [en la formación de compuestos de dos sustantivos] es el que da lugar a las voces cuyo papel nuclear reside en el primer elemento … En este radica la referencia del compuesto" (Val, 1999, p. 4780).

Los neologismos formados por la combinación de un verbo y un sustantivo fueron los siguientes:

(42)   *allkü-dungun*[14]
oír-habla
'oír el habla'
R: radio
S: 12

(43)   *chiwüd-pel*
envolver-cuello
'envuelve cuello'
R: bufanda
S: 7

(44)   *eñum-pel*
calentar-cuello
'calienta cuello'
R: bufanda
S: 15

---

[13] En el apartado dedicado a la derivación y composición se describirá este tema en profundidad.

[14] *dungu-n*
hablar-NOM
'el habla'

(45)   *iwüd-pel*
        envolver-cuello
        'envuelve cuello'
        R: bufanda
        S: 13

(46)   *lawentu[15]-ruka*
        tomar remedios-casa
        'casa donde se toman remedios'
        R: farmacia
        S: 12

(47)   *taku-pel*
        cubrir-cuello
        'cubre cuello'
        R: bufanda
        S: 1 y 17

(48)   *yiwüd-pel*
        envolver-cuello
        'envuelve cuello'
        R: bufanda
        S: 2

Los compuestos formados por dos sustantivos fueron:

(49)   *ekull-pel*
        trapo-cuello
        'trapo para el cuello'
        R: bufanda
        S: 18

(50)   *lawen-ruka*
        remedios-casa
        'casa donde hay remedios'
        R: farmacia
        S: 7, 13, 14 y 16

---

[15]   *lawen-tu*
        remedios-VERB
        'tomar remedios'

(51)   *ruka-lawen*
       casa-remedios
       'casa donde hay remedios'
       R: farmacia
       S: 11

c.   Derivación y composición

En mapudungún es posible formar palabras nuevas combinando lexemas con sufijos derivacionales, lo que equivale a decir que en esta lengua "la composición lexemática y prolexemática puede combinarse" (Catrileo, 2010, p. 93). Chiodi y Loncon aluden a este doble recurso cuando hablan de *parasíntesis*, la que definen como "la derivación de un nuevo vocablo a través de una palabra compuesta y un sufijo" (1999, p. 188).

Estas formas presentan una serie de problemas en el plano de la escritura, dado que la lengua mapuche, como señala Catrileo,

> no posee normas establecidas con respecto a los criterios ortográficos o morfológicos que regulen la escritura de los compuestos. En oposición a lenguas como el español y el inglés, el criterio fonológico en la identificación de los compuestos no tienen vigencia en mapudungun, porque las bases tienden a mantener su acentuación original (2010, p. 93).

En el corpus se registraron 63 casos de neologismos formados por derivación y composición. De ellos, 59 correspondieron a la adición del sufijo *-we*[16]; 4 a la adición de *-peyüm* y uno a la adición de *-fe*. Respecto del primer sufijo, en 53 casos se hizo referencia al instrumento con el que se realiza la noción expresada por el verbo, y en 6, al lugar. De estos últimos, en 5 casos – (67) *nielawenwe*, (101) *lawentuwe ruka*, (90) *welülkawe lawen*, (94) *trafkintuwe lawen ruka* y (103) *takuwe adkintuwe*[17]– se agregó a un verbo, funcionando, por tanto, como sufijo nominalizador; y solo en uno –(102) *lawenwe ruka*– se agregó a un sustantivo, funcionando, entonces, como sufijo nominal. En cuanto al segundo sufijo, en todos los casos –(87) *füdkunpeyüm iyael*, (89) *tripapeyüm kürüf*, (99) *pañilwe küdawpeyüm* y (104) *pelomtukupeyüm*– se hizo referencia al instrumento con el que se realiza la noción verbal. Finalmente, en lo relativo al tercer sufijo – presente en la forma (88) *fürkünfe iyal*–, creemos que su utilización se debió, nuevamente, a un caso de calco morfológico del español.

---

[16]   Un término se formó mediante la combinación de dos sustantivos derivados ((103) *takuwe adkintuwe*).

[17]   Nos referimos al segundo *-we*.

Por otro lado, en la mayoría de los neologismos –43 de 63– se constató el fenómeno de incorporación nominal (IN), el que es definido por Baker, Aranovich y Golluscio (2004) como

> the phenomenon in which a nominal that would otherwise bear a grammatical relation to the verb (such as direct object) is expressed not as an independent noun phrase, but rather as a morphological root that is integrated into the inflected verb to form a kind of composite form (p. 138)[18].

Al respecto, Smeets (2008) señala que tanto los verbos transitivos como los intransitivos pueden incorporar elementos nominales; los primeros incorporan su objeto directo; los segundos, su sujeto. Junto con esto, sostiene que la IN es mucho más frecuente en los primeros (pp. 318-319). En el corpus, la mayoría de los elementos nominales incorporados –40 de 43– cumplió la función de objeto directo del verbo (52-81), mientras que uno funcionó como sujeto (82) y 2 como complemento locativo (83-84). Por otro lado, en un caso –(77) *rakiñ amuldunguwe* se presentó, junto con la IN descrita, un determinante (sustantivo) de la IN, antepuesta al verbo.

Los 43 neologismos derivados y compuestos que presentaron IN fueron los siguientes:

(52)   *allkü-tu-dungu-we*
         oír-TR-habla-NOM
         'instrumento para escuchar con atención el habla'
         R: teléfono fijo
         S: 7

(53)   *amu-l-adentu[19]-we*
         ir-CA-imágenes-NOM
         'instrumento para hacer ir las imágenes'
         R: televisor
         S: 1

---

[18] 'el fenómeno en el cual un nombre que, en otro caso, tendría una relación con el verbo (como objeto directo) se expresa no como una frase nominal independiente, sino más bien como una raíz morfológica que se integra en el verbo conjugado para formar un tipo de forma compuesta' (la traducción es nuestra).

[19] *ad-entu*
      el exterior-sacar
      'sacar el exterior'

(54)   *amu-l-dungu-we*
       ir-CA-habla-NOM
       'instrumento para hacer ir el habla'
       R: radio
       S: 1, 7, 8, 9, 10, 13, 15, 16 y 17

(55)   *amu-l-dungu-we*
       ir-CA-asunto-NOM
       'instrumento para hacer ir el asunto'
       R: computador
       S: 9 y 16

(56)   *amu-l-dungu-we*
       ir-CA-habla-NOM
       'instrumento para hacer ir el habla'
       R: teléfono fijo
       S: 11 y 13

(57)   *amu-l-dungu-we*
       ir-CA-asunto-NOM
       'instrumento para hacer ir el asunto'
       R: mouse
       S: 9

(58)   *fidkü-n-che-we*
       estar fresco-INF-gente-NOM
       'instrumento para refrescar a la gente'
       R: ventilador
       S: 9

(59)   *fidkü-n-iyal[20]-we*
       estar fresco-INF-comida-NOM
       'instrumento para refrescar la comida'
       R: refrigerador
       S: 5

---

[20]   *i-y-a-el*
       comer-*ep*-FUT-FNF
       '(algo) para comer'

(60)   *fidkü-n-kürüf-we*
       estar fresco-INF-viento-NOM
       'instrumento para refrescar el aire'
       R: ventilador
       S: 10

(61)   *kücha-taku-we*
       lavar-ropa-NOM
       'instrumento para lavar la ropa'
       R: lavadora
       S: 1

(62)   *kücha-wedakelu[21]-we*
       lavar-cosas-NOM
       'instrumento para lavar las cosas'
       R: lavadora
       S: 5

(63)   *lif-tu-tukutu[22]-we*
       limpio-VERB-ropa-NOM
       'elemento para limpiar la ropa'
       R: detergente
       S: 9

(64)   *küpa-l-amu-l-dungu-we*
       venir-CA-ir-CA-habla-NOM
       'instrumento para hacer venir y hacer ir el habla'
       R: teléfono fijo
       S: 16

(65)   *lif-tu-wedakelu[23]-we*
       limpio-VERB-cosas-NOM
       'elemento para limpiar las cosas'
       R: detergente
       S: 5

---

[21]   *weda-ke-lu*
       malo-HAB-FNF
       'lo que suele estar malo' [porquería]
[22]   *tuku-tu*
       poner-TR
       'lo que se pone'
[23]   Ver nota 21.

(66)   *nie-iyal[24]-we*
tener-comida-NOM
'instrumento para tener la comida'
R: refrigerador
S: 1

(67)   *nie-lawen-we*
tener-remedios-NOM
'lugar donde se tienen los remedios'
R: farmacia
S: 15

(68)   *nie-yagel[25]-we*
tener-comida-NOM
'instrumento para tener la comida'
R: refrigerador
S: 15

(69)   *nag-ün-che-we*
bajar-INF-gente-NOM
'instrumento para bajar a la gente'
R: ascensor
S: 9

(70)   *pañilwe amu-l-dungu-we*
fierro ir-CA-habla-NOM
'instrumento de fierro para hacer ir el habla'
R: teléfono fijo
S: 17

(71)   *pe-nge-l-dungu-we*
ver-PAS-CA-cosas-NOM
'instrumento para mostrar cosas'
R: televisor
S: 15

---

[24] Ver nota 20.
[25] Ver nota 20.

(72)   *pichi allkü-tu-dungu-we*
        pequeño oír-TR-habla-NOM
        'pequeño instrumento para escuchar con atención el habla'
        R: teléfono celular
        S: 7

(73)   *pichi amu-l-dungu-we*
        pequeño ir-CA-habla-NOM
        'pequeño instrumento para hacer ir el habla'
        R: teléfono celular
        S: 11

(74)   *pimu-kürüf-we*
        soplar-viento-NOM
        'instrumento para soplar el viento'
        R: ventilador
        S: 15

(75)   *püra-n-che-we*
        subir-INF-gente-NOM
        'instrumento para subir a la gente'
        R: ascensor
        S: 10

(76)   *püra-l-che-we*
        subir-CA-gente-NOM
        'instrumento para hacer subir a la gente'
        R: ascensor
        S: 15

(77)   *rakin*[26] *amu-l-dungu-we*
        cuenta ir-CA-asunto-NOM
        'instrumento para hacer ir el asunto de la cuenta'
        R: computador
        S: 7

---

[26]   *raki-n*
        contar-NOM
        'cuenta'

(78) *taku-pel-we*
cubrir-cuello-NOM
'instrumento para cubrir el cuello'
R: bufanda
S: 10

(79) *ye-che-we*
llevar-gente-NOM
'instrumento para llevar a la gente'
R: microbús
S: 15

(80) *wiri-l-dungu-we*
escribir-CA-cosas-NOM
'instrumento para hacer escribir cosas'
R: computador
S: 15

(81) *wül-dungu-we*
entregar-habla-NOM
'instrumento para entregar el habla'
R: teléfono celular
S: 13

(82) *kon-pa-pelom[27]-we*
entrar-DIR-luz-NOM
'instrumento por donde entra hacia acá la luz'
R: cortina
S: 1

(83) *iwüd-tuku-pel-we*
enrollar-poner-cuello-NOM
'instrumento para poner enrollado en el cuello'
R: bufanda
S: 9

(84) *trari-n-tuku-pel-we*
amarrar-INF-poner-cuello-NOM
'instrumento para poner amarrado en el cuello'
R: bufanda
S: 11

---

[27] En el corpus se registró la alternancia de las formas *pelo* y *pelom*, con el significado 'luz'.

Junto con lo anterior, se registraron 10 casos correspondientes a *variantes perifrásticas* de las formas con IN. Estas variantes estaban compuestas por un sustantivo derivado de un verbo y uno o más elementos no incorporados. Tomando como eje el sustantivo derivado, de los 10 casos constatados, 7 correspondieron a la posposición de un sustantivo, todos cumpliendo la función de objeto directo del verbo nominalizado (85-91); 2, a la anteposición de un sustantivo, uno cumpliendo la función de objeto directo (92) y otro la de sujeto del verbo nominalizado (93); y uno, a la posposición de dos de estos elementos –uno en función de objeto directo y otro que refuerza y precisa la noción de lugar del sufijo verbalizador (94)–. En el caso (91), además de la posposición de un sustantivo que cumple la función de objeto directo, se antepone un adjetivo que lo determina.

En cuanto a la alternancia de la IN con su equivalente perifrástico, Salas (2006) señala que "entre los mapuches, esta construcción [IN] es tenida por muy elegante. Se la considera mucho más mapuche que su equivalente sin incorporación … al que –muy razonablemente– los hablantes más tradicionalistas estiman motivado en la influencia del castellano" (p. 181). Al respecto, Hernández *et al.* (2006) sostienen que "este tipo de construcción [la IN] se considera elegante o clásica, aunque en el habla actual es más frecuente la mención del complemento directo aparte, lo que suele ser visto como influencia del español" (p. 137). De acuerdo con esto, los fenómenos de alternancia constatados en el corpus podrían ser interpretados como producto de la influencia de la lengua española.

Los equivalentes perifrásticos registrados fueron los siguientes:

(85)   *adkintu[28]-we che*
       mirar-NOM gente
       'instrumento para mirar a la gente'
       R: televisor
       S: 9

(86)   *fidkü-n-tu-we iyael[29]*
       estar fresco-INF-TR-NOM comida
       'instrumento para refrescar la comida'
       R: refrigerador
       S: 7

---

[28] *ad-kintu*
     el exterior-buscar
     'buscar el exterior' [mirar]

[29] Ver nota 20.

(87)   *füdkü-n-peyüm iyael*[30]
        estar fresco-INF-NOM comida
        'instrumento para refrescar la comida'
        R: refrigerador
        S: 17

(88)   *fürkü-n-fe iyal*[31]
        estar fresco-INF-NOM comida
        'refrescador(a) de comida'
        R: refrigerador
        S: 11

(89)   *tripa-peyüm kürüf*
        salir-NOM viento
        'instrumento para que salga el viento'
        R: ventilador
        S: 17

(90)   *welü-l-ka-we lawen*
        intercambiar-CA-DIST-NOM remedios
        'lugar donde se comercian los remedios'
        R: farmacia
        S: 1

(91)   *fidkü el-tu-ka-we iyael*[32]
        fresco poner-RES-DIST-NOM comida
        'instrumento para volver a poner fresca la comida'
        R: refrigerador
        S: 9

(92)   *kürüf-tuku-we*
        viento-poner-NOM
        'instrumento para poner el viento'
        R: ventilador
        S: 2

---

[30]   Ver nota 20.

[31]   Ver nota 20.

[32]   Ver nota 20.

(93)   *pelom[33] kon-pa-we*
        luz entrar-DIR-NOM
        'instrumento por donde entra hacia acá la luz'
        R: cortina
        S: 2

(94)   *trafkin-tu-we lawen ruka*
        intercambio-VERB-NOM remedios casa
        'casa donde se intercambian remedios'
        R: farmacia
        S: 9

Por último, se registraron 10 casos que no correspondieron ni a fenómenos de IN ni a sus equivalentes perifrásticos. Estos casos fueron los siguientes:

(95)   *küme leli-we*
        bien mirar-NOM
        'instrumento para mirar bien'
        R: lentes ópticos
        S: 7

(96)   *küme pelo-l-we*
        bien ver-CA-NOM
        'instrumento para hacer ver bien'
        R: lentes ópticos
        S: 5

(97)   *küme pe-we*
        bien ver-NOM
        'instrumento para ver bien'
        R: lentes ópticos
        S: 10

---

[33] Ver nota 27.

(98)   *pañilwe allkü-tu-we*
        fierro oír-TR-NOM
        'instrumento de fierro para escuchar con atención'
        R: teléfono fijo
        S: 9

(99)   *pañilwe küdaw-peyüm*
        fierro trabajar-NOM
        'instrumento de fierro para trabajar'
        R: computador
        S: 17

(100)   *wingka amu-l-we*
        extranjero ir-CA-NOM
        'instrumento extranjero que hace ir'
        R: microbús
        S: 16

(101)   *lawen-tu-we ruka*
        remedios-VERB-NOM casa
        'casa donde se toman remedios'
        R: farmacia
        S: 17

(102)   *lawen-we ruka*
        remedios-LOC casa
        'casa donde hay remedios'
        R: farmacia
        S: 5

(103)   *taku-we adkintu[34]-we*
        cubrir-NOM mirar-NOM
        'instrumento para cubrir el lugar donde se mira'
        R: cortina
        S: 15

(104)   *pelom[35]-tuku-peyüm*
        luz-poner-NOM
        'instrumento para poner la luz'
        R: ampolleta
        S: 16

---

[34]   Ver nota 28.

[35]   Ver nota 27.

d. Derivación y sintagmación

La *sintagmación* tradicionalmente ha sido definida como la lexicalización de secuencias sintácticas. Bajo este nombre, unido al de derivación, hemos reunido construcciones en las que se incluyen sustantivos derivados relacionados –entre sí o con otros elementos nominales– mediante conjunciones, pronombres o preposiciones. En el corpus se registraron 4 casos de neologismos formados por la combinación de estos recursos. En ellos se constató el uso de los sufijos *-we* (106 y 108) y *-peyüm* (105 y 107), cada uno con 3 ocurrencias. En todos los casos, los sufijos se agregaron a raíces verbales.

En cuanto a los tipos de formación, en 2 casos se apreció la combinación de dos sustantivos derivados mediante una conjunción copulativa (105 y 106), y en otros dos se observó la combinación de un sustantivo derivado con el objeto directo de su raíz verbal. En el primero de estos últimos dos casos el objeto se relacionó con el sustantivo deverbal mediante un posesivo (107); en el segundo, además del objeto, se incluyó un complemento locativo formado por un sustantivo y una preposición (108). Creemos que estas dos construcciones corresponden a las variantes perifrásticas de las formas con IN revisadas en el apartado anterior.

Las formas derivadas y sintagmáticas registradas fueron las siguientes:

(105) *nag-peyüm ka püra-n-peyüm*
       bajar-NOM y subir-INF-NOM
       'instrumento para bajar y subir'
       R: ascensor
       S: 16

(106) *püra-we ka nag-we*
       subir-NOM y bajar-NOM
       'instrumento para subir y bajar'
       R: ascensor
       S: 7

(107) *nentu-peyüm ñi kürüf*
       sacar-NOM su viento
       'instrumento para sacar el viento'
       R: ventilador
       S: 16

(108) *nie-we yagel*[36] *pire mew*
tener-NOM comida nieve en
'instrumento para tener la comida en la nieve'
R: refrigerador
S: 18

d.1. Análisis de los sufijos

En los neologismos formados a partir de los tres recursos de derivación revisados (derivación, derivación y composición, y derivación y sintagmación) se constató que el sufijo más utilizado fue *-we* (109 ocurrencias), seguido por *-peyüm/* (15 ocurrencias) y por *-fe* (2 ocurrencias). Con respecto a la función de estos elementos, solo en 2 casos funcionaron como sufijos nominales (32 y 102); en los 124 casos restantes funcionaron como sufijos nominalizadores. En la Tabla 14 se presenta la productividad de cada sufijo según el recurso de formación empleado.

Tabla 14. *Productividad de los sufijos registrados según recurso de formación*

Sufijo	Productividad según recurso de formación			Total
	D	D y C	D y S	
-we	47	59	3	109
-peyüm	8	4	3	15
-fe	1	1	0	2

Nota. D: derivación; D y C: derivación y composición; D y S: derivación y sintagmación.

e. Formación de oraciones

Definimos *oración* como una "palabra o conjunto de palabras con que se expresa un sentido gramatical completo" (DRAE, 2001) y bajo este concepto reunimos tanto las oraciones independientes como las dependientes registradas en nuestro corpus. Dentro de este recurso incluimos formas que, en otras clasificaciones, serían catalogadas como *perífrasis*, recurso sobre el cual Chiodi y Loncon (1999) señalan que no constituye, en rigor, un mecanismo de acuñación de neologismos y que "responde a la necesidad de expresar un concepto nuevo envolviéndolo ya no en una palabra *ad hoc*, sino en una secuencia de palabras, un giro lingüístico, un enunciado, por medio del cual se logra decir lo mismo" (p. 192). Además, señalan que "refleja en todas las culturas del mundo la exigencia de referirse a una palabra sin nombrarla directamente" (p. 192).

En esta investigación hemos adoptado el concepto de oración y no el de perífrasis porque creemos, en primer lugar, que es más coherente con el resto de los recursos, en tanto remite a una categoría formal y no a una figura. En

---

[36] Ver nota 20.

segundo lugar, porque, dado el carácter aglutinante de la lengua mapuche, es posible obtener una perífrasis utilizando recursos formales como los revisados anteriormente (p.e. (77) *rakin amuldunguwe* instrumento para hacer andar el asunto de la cuenta). En tercer lugar, porque dentro de esta categoría hemos incluido neologismos formados por unidades léxicas propiamente tales, como (120) *fidkünwealu* y (121) *kürüfalu*, pero que, a diferencia del resto de las unidades neológicas presentadas, no aluden directamente al concepto por el cual se preguntó, sino que predican sobre él (señalan su finalidad, entregan características, etc.), sin nombrarlo directamente.

En el corpus se registraron 18 oraciones. De ellas, una correspondió a una oración independiente, 3 a oraciones dependientes precedidas por un sustantivo general y 14 a oraciones dependientes sin tal sustantivo. La oración independiente fue la siguiente:

(109) *müñche*   *mapu*   *mew*   *miyawi*   *chi*   *tren*
      debajo de   tierra   por   anda   el   tren
      'el tren que anda por debajo de la tierra'
      R: metro
      S: 2

Respecto de las oraciones dependientes del primer tipo, estas fueron antecedidas por un sustantivo semánticamente amplio, sobre el cual se predicó. Estos sustantivos, que hicieron alusión directa al concepto que se debía denominar, fueron: *dungu* asunto , novedad , motivo , objeto [37] (Chiodi y Loncon, 1999, p. 165) y *chemkün* cosas (Zúñiga, 2006, p. 315). Estas oraciones fueron:

(110) *chemkün*   *doy*   *küme*   *leliam*
      objeto   más   bien   para ver
      'objeto para ver mejor'
      R: lentes ópticos
      S: 8

(111) *dungu*   *tañi*   *nagam*   *chew*   *ñi*   *mülemum*   *ñi*   *ruka*   *mew*
      aparato   su   para bajar   donde   su   estar   su   casa   en
      'aparato para bajar donde está su casa'
      R: ascensor
      S: 1

---

[37]   Los autores se refieren a los significados más frecuentes de *dungu* en formas compuestas.

(112) *wingka   dungu tañi doy küme leliam*
extranjero   objeto   su   más   bien   para ver
'objeto extranjero para ver mejor'
R: lentes ópticos
S: 1

En cuanto a las oraciones dependientes del segundo tipo, en ellas se predicó sobre un sustantivo que no se incluyó, por lo que observamos en ellas la intención, por parte de los hablantes, de evadir la tarea de denominar el concepto en cuestión. Tales oraciones fueron:

(113) *atregniengechi   chemkün*[38]
que son tenidas frías   cosas
'cosas que son tenidas frías'
R: refrigerador
S: 8

(114) *ñi konpakelu   mongen*
su que habitualmente entrar hacia acá   vida
'la vida que habitualmente entra hacia acá'
R: televisor
S: 16

(115) *chew   ñi   ngülümnieken   lawen*
donde   su   tener reunido habitualmente   remedios
'(lugar) donde habitualmente tiene reunidos los remedios'
R: farmacia
S: 8

(116) *chew tañi nieel   kom tañi   wirin   dungu*
donde su tener   todo su   escritura   asunto
'(lugar) donde tiene todo su asunto escrito'
R: computador
S: 1

(117) *amulkelu   kürüf*
que hacer ir habitualmente   viento
'(algo) que hace ir habitualmente el viento'
R: ventilador
S: 8

---

[38] A pesar de que en esta construcción se incluye el sustantivo sobre el cual se predica, este no se refiere al concepto que debía ser denominado. Lo mismo ocurre en el caso (114).

(118) *wiñamchekepelu*
que habitualmente traslada gente
'(algo) que habitualmente traslada gente'
R: microbús
S: 8

(119) *nülkülkefilu*   *wirin*
que habitualmente enlazarla   escritura
'(algo) que habitualmente enlaza la escritura'
R: mouse
S: 15

(120) *fidkünwealu*
para que quede fresco
'(algo) que sirve para que quede fresco'
R: ventilador
S: 1

(121) *kürüfalu*
para ventilar
'(algo) que sirve para ventilar'
R: ventilador
S: 11

(122) *nengümafiel*   *tañi* *computador*
para moverlo su   computador
'(algo) que sirve para mover su computador'
R: mouse
S: 1

(123) *ñi küme lelial*
su bien para mirar
'(algo) que sirve para mirar bien'
R: lentes ópticos
S: 13

(124) *ñi küme pelomtual*
su bien   para ver
'(algo) que sirve para ver bien'
R: lentes ópticos
S: 15

(125) *küme peloyam*
bien para ver
'(algo) que sirve para ver bien'
R: lentes ópticos
S: 17

(126) *ngillakemum*   *lawen*
donde compra habitualmente   remedios
'(lugar) donde compra habitualmente los remedios'
R: farmacia
S: 10[39]

---

[39] Con excepción del caso (113), todos los verbos de las oraciones dependientes corresponden a formas verbales llamadas no finitas o no personales. Tales formas equivalen, *grosso modo*, a las formas no personales del español (infinitivo, gerundio y participio) y permiten expresar relaciones de subordinación. En los casos registrados, algunos de los sufijos verbales no finitos fueron: *-lu y -alu, -el y -ael, -am y -mum*. Todos ellos establecen un tipo diferente de subordinación.

Las formas que presentan el sufijo *-lu* aparecen como núcleo del predicado de oraciones subordinadas adjetivas. Si a este sufijo se le antepone el morfema *-a-* de futuro (*-alu*), la forma verbal aparece como núcleo de oraciones subordinadas adverbiales de finalidad. En cuanto a las formas que presentan el sufijo *-el*, estas aparecen como núcleos de oraciones subordinadas adjetivas y, si se le antepone el sufijo de futuro *-a-* (*-ael*), pasa a ser el núcleo de oraciones subordinadas de finalidad (como se ve en los casos registrados, en esta clase de oraciones la persona del agente se marca por medio de un pronombre posesivo). Las formas que presentan en sufijo *-am*, en tanto, son núcleos de oraciones subordinadas de finalidad de tipo adjetival y, finalmente, las que presentan el sufijo *-mum*, son núcleos de oraciones subordinadas intransitivas de adverbio relativo *cheo* (lugar) donde (Salas, 1992, pp. 164-182).

Para Fernández Garay (2006a, 2006b), lo que define estas formas es "su estado intermedio entre verbo y sustantivo (..), presentando a la vez compatibilidades características de ambas clases sintácticas" (2006a, p. 146). Algunas formas presentan mayores determinaciones verbales, lo que las acerca al sintagma verbal; mientras que otras presentan mayores determinaciones nominales, lo que las acerca al sintagma nominal.

En el mismo sentido apuntan algunas observaciones de Salas (1992), Chiodi y Loncon (1999), Catrileo (2010) y Smeets (2008). El primero señala que las formas *-lu, -el* y *-ael* pueden aparecer sustantivadas. Con respecto a las formas con *-el*, indica, además, que los sustantivos de amplia área semántica *dungu* y *chemkün*, a los cuales están adscritas las subordinadas adjetivas, suelen omitirse sistemáticamente (Salas, 1992, p. 165-173).

Chiodi y Loncon (1999), en tanto, consideran las formas *-lu* y *-el* como sufijos nominalizadores de verbos. El primero indica el agente de una acción, mientras que el segundo es un sufijo pasivo empleado en oraciones adjetivas (pp. 151-152). Algo similar hace Catrileo (2010), quien clasifica la forma *-lu* como un sustantivador de adjetivos (pp. 84-85). Finalmente, Smeets (2008) considera que estas formas son nominalizadores verbales. Clasifica las formas *-lu* como verbo nominal sujeto; las *-el*, como verbo nominal objeto, las *-fiel*, como verbo nominal transitivo; y las *-m*, como verbo nominal instrumental (p. 188).

1.1.2. Recursos semánticos

Los recursos semánticos consisten en la modificación del significado de una base léxica ya existente. En el corpus se registraron 52 neologismos semánticos, formados por cambio y por restricción del significado del lexema base (44 y 8 casos, respectivamente). Dentro del primer tipo, se constataron 32 casos de metáforas, 4 de metonimias y 8 de calcos semánticos. Para determinar la existencia previa y el significado primario de las unidades léxicas *resemantizadas*, se consultó Augusta (2007) y para los préstamos ya incorporados al mapudungún, Lenz (1940), Giese (1947-1949), Oroz (1947-1949) y Rabanales (1953). Solo en un caso, en el que un préstamo se encontraba dentro de una forma compuesta, se recurrió a Smeets (2008). En las tablas 15 y 16 se presentan unidades léxicas y los préstamos, con sus respectivas fuentes de registro.

Por todo lo anterior, creemos que algunos de los casos en los que se registran estas formas (10 de 14) podrían considerarse nominalizaciones –al menos parciales– por lo que podrían incluirse dentro de algún tipo de derivación.

Tabla 15. *Fuentes de registro de las unidades léxicas resemantizadas*

Unidad léxica	Augusta 1916
dewü	p. 33
katrüntukuwe	p. 78
küllai	p. 85
küllküll	p. 99
nüfkü	p. 150
küdetuwe	p. 103
pañilwe	p. 166
pelomtuwe	p. 168
pichi dewü	p. 111
piru	p. 183
piwlu	p. 185
pürapürawe	p. 148[a]
pürawe	p. 176
takun	p. 213
trüfken	p. 236

[a] Solo en este caso se consultó el tomo II, correspondiente al *Diccionario Español-Araucano*.

Tabla 16. *Fuentes de registro de los préstamos resemantizados*

Préstamo	Fuentes de registro
kareta	Lenz (1940, p. 248), Giese (1947-1949, p. 122), Smeets (2008, pp. 206, 218, 551)
kawellu	Lenz (1940, p. 246), Giese (1947-1949, p. 121), Oroz (1947-1949, p. 133), Rabanales (1953, p. 135)
nafiw	Giese (1947-1949, p. 122)
tren	Giese (1947-1949, p. 122)

a. Cambio semántico

a.1. Metáfora

La *metáfora* consiste en una "transposición de significados/designaciones basada en las similitudes de aspecto externo, función y uso, mediante la comparación implícita o interrelación de las connotaciones" (Lewandowski, 2000, p. 224). En el corpus se registraron 32 casos de metáforas, 15 de ellas en una voz y 17 en más de una.

Las metáforas en una voz fueron las siguientes:

(127) *kareta*
       'carreta'
       R: automóvil
       S: 8, 11, 15 y 18

(128) *kareta*
       'carreta'
       R: microbús
       S: 18

(129) *katrüntukuwe*
       'las divisiones de la casa, alcoba, pieza'
       R: cortina
       S: 8 y 11

(130) *küdetuwe*
       'atado de coligües o quilas secas que se encienden para alumbrar'
       R: ampolleta
       S: 10

(131)   *küllay*
      'quillay'
      R: detergente
      S: 8

(132)   *küllküll*
      'el cuerno de vaca arreglado para tocarlo (corneta)'
      R: teléfono celular
      S: 10

(133)   *küllküll*
      'el cuerno de vaca arreglado para tocarlo (corneta)'
      R: teléfono fijo
      S: 14

(134)   *pürapürawe*
      'escala'
      R: ascensor
      S: 11

(135)   *pürawe*
      'escalera (de los indígenas)'
      R: ascensor
      S: 13

(136)   *takun*
      'vestido, tapa'
      R: cortina
      S: 7

(137)   *trüfken*
      'ceniza'
      R: detergente
      S: 1

En las metáforas pluriverbales, en tanto, se observa la presencia de una unidad léxica resemantizada (*kareta, nafiw, kawellu, piru* y *küllküll*), complementada por otras que mantienen sus significados. Estas expresiones metafóricas fueron las siguientes:

(138)   *kareta   miyawkelu   miñche   mapu   mew*
carreta   que anda habitualmente   debajo de   tierra   por
'carreta que anda habitualmente por debajo de la tierra'
R: metro
S: 8

(139)   *mapu   nafiw*
tierra   navío
'navío de la tierra'
R: microbús
S: 1

(140)   *mapu   nafiw*
tierra   navío
'navío de la tierra'
R: automóvil
S: 1

(141)   *meli   chiwüd   kareta*
cuatro   vuelta   carreta
'carreta de cuatro vueltas'
R: microbús
S: 7

(142)   *meli   chiwüd   namun   kareta*
cuatro   vuelta   pata   carreta
'carreta de cuatro patas que dan vueltas'
R: automóvil
S: 7

(143)   *meli   namun   kawellu*
cuatro   pata   caballo
'caballo de cuatro patas'
R: automóvil
S: 9

(144)   *meli   namun   kareta*
cuatro   pata   carreta
'carreta de cuatro patas'
R: microbús
S: 13

(145) *meli   namun   kareta*
cuatro pata   carreta
'carreta de cuatro patas'
R: automóvil
S: 13

(146) *miñche   mapu   nafiw*
debajo de tierra navío
'navío debajo de la tierra'
R: metro
S: 1

(147) *pichi   pañilwe kareta*
pequeña fierro   carreta
'pequeña carreta de fierro'
R: automóvil
S: 17

(148) *piru   amukelu   müñche   püllü*
gusano   que va habitualmente   debajo de tierra
yekelu   che
que lleva habitualmente   gente
'gusano que va habitualmente por debajo de la tierra y que lleva
habitualmente gente'
R: metro
S: 9

(149) *piru   lef*
gusano   rápido
'gusano rápido'
R: metro
S: 16

(150) *wingka   kawellu*
extranjero caballo
'caballo extranjero'
R: automóvil
S: 3

(151) *wingka   kareta*
extranjera carreta
'carreta extranjera'
R: automóvil
S: 16

(152) *wingka   kareta*
       extranjera carreta
       'carreta extranjera'
       R: microbús
       S: 17

(153) *wingka   kareta   yekelu   che*
       extranjera carreta   que llevar habitualmente   gente
       'carreta extranjera que lleva habitualmente gente'
       R: microbús
       S: 9

(154) *wingka   kullkull*
       extranjera corneta
       'corneta extranjera'
       R: teléfono celular
       S: 16

a.2. Metonimia

La *metonimia* consiste en la "substitución de una expresión por otra expresión relacionada con ella en forma real, esto es, causal, local o temporal" (Lewandowski, 2000, p. 227). En el corpus se registraron 4 casos de metonimia, 2, correspondientes al tipo de la materia por el objeto (155-156) y 2 a la parte por el todo, también denominado *sinécdoque* (157-158). Estos fueron:

(155) *pañilwe*
       'fierro, metal'
       R: calculadora
       S: 17

(156) *pichi   pañilwe*
       pequeño fierro
       'fierro pequeño'
       R: teléfono celular
       S: 17

(157) *piwlu*
       'trenza de hilo que sirve para amarrar los quilvos'
       R: teléfono fijo
       S: 18

(158) *piwlu*   *celular*
trenza   celular
'trenza [denominación metonímica de teléfono] celular'
R: teléfono celular
S: 18

a.3. Calco semántico

El *calco semántico* consiste en la traducción literal de un ítem léxico de otra lengua. Involucra, por tanto, aspectos de la formación propia y de la adopción de préstamos, razón por la cual en algunas clasificaciones de neologismos es tratado como un recurso de formación propio (Observatorio de Neología, 2004 y Cabré y Estopà, 2009) y, en otras, como parte de la adopción de préstamos (Chiodi y Loncon, 1999). En esta investigación hemos optado por incluirlo dentro de la formación propia, dado que los entrevistados, como se expondrá más adelante, en el apartado dedicado a la alternancia de neologismos formales y préstamos, utilizaron calcos semánticos junto con préstamos en las respuestas tipificadas como uso alternado de neologismos formales y préstamos.

En el corpus se registraron 8 casos de calcos semánticos. De ellos, 7 correspondieron a un calco de la palabra del español de Chile *mouse* (/' maus/) (159-160), que es un préstamo no adaptado, tomado del inglés; y uno, a un calco de la palabra *metro*[40] (161). La mayoría de los calcos relevados, por tanto, correspondió a calcos semánticos indirectos, es decir, a unidades de una lengua fuente que han llegado a la lengua meta por medio de una tercera.

Los 8 casos de calco semántico fueron:

(159) *dewü*
'ratón'
R: mouse
S: 3, 5, 12, 16, 17 y 18

(160) *pichi dewü*
'laucha'
R: mouse
S: 11

---

[40] En el apartado dedicado a la adopción de préstamos se explicará por qué, a pesar de que esta forma (acortamiento de *Ferrocarril Metropolitano*) es un calco semántico del francés *Chemin de Fer Métropolitain*, fue considerada un calco directo del español y no uno indirecto del francés.

(161) *nüfkü*
'el largo de dos brazos extendidos' [es decir, una unidad de medida similar al metro]
R: metro
S: 11

b. Restricción semántica

La *restricción semántica* consiste en una "limitación en la extensión del significado/extensión conceptual, en el campo de aplicación de una palabra" (Lewandowski, 2000, p. 301). Los 8 casos registrados fueron:

(162) *pelomtuwe*
'cualquier fuente de luz'
R: ampolleta
S: 1, 7, 8, 13, 14, 15 y 18

(163) *tren*
'tren'
R: metro
S: 7

1.2. Adopción de préstamos

Se registraron en el corpus 172 casos de adopción de préstamos: 133 sin adaptación, 32 con adaptación fonológica, 4 con adaptación gramatical y 3 con adaptación fonológica y gramatical. Para establecer la calidad de *préstamo directo* del español –y no de *préstamo indirecto* de otras lenguas–, se optó por considerar los de antigua data (registrados en RAE, 2001; Morales Pettorino y Quiroz, 1984-1987; 2006) como parte del léxico español[41]. De esta forma, del total de préstamos relevados, solo *mouse*, con 8 ocurrencias, exhibió la condición de préstamo indirecto del inglés.

1.2.1. Préstamos sin adaptación

En el corpus se registraron 133 casos de préstamos sin ningún tipo de adaptación[42]:

---

[41] La palabra *rinso* no apareció en las fuentes señaladas. Sin embargo, por ser una marca comercial (de origen estadounidense) sobre cuyo origen no se tiene bibliografía, se la consideró parte del léxico español.

[42] Los préstamos sin adaptación fonológica se presentarán sin adaptación ortográfica.

(164) *ampolleta*
       R: ampolleta
       S: 2, 3, 5, 11, 12 y 17

(165) *anteojo*
       R: lentes ópticos
       S: 16

(166) *ascensor*
       R: ascensor
       S: 2, 3, 4, 5, 8, 12, 14, 17 y 18

(167) *auto*
       R: automóvil
       S: 3, 4, 10, 12, 14 y 15

(168) *botica*
       R: farmacia
       S: 2

(169) *bufanda*
       R: bufanda
       S: 3, 5, 8, 12, 14 y 16

(170) *bus*
       R: microbús
       S: 12

(171) *celular*
       R: teléfono celular
       S: 2, 3, 4, y 14

(172) *calculadora*
       R: calculadora
       S: 2, 3, 4, 8, 11, 12 y 18

(173) *computador*
       R: computador
       S: 2, 3, 4, 5, 8, 10, 11, 12, 14, 15, 17 y 18

(174) *computador*
R: mouse
S: 8

(175) *cortina*
R: cortina
S: 3, 4, 10, 12 y 17

(176) *detergente*
R: detergente
S: 2, 3, 11, 14, 15 y 17

(177) *farmacia*
R: farmacia
S: 3 y 4

(178) *frigider*
R: refrigerador
S: 10

(179) *lavadora*
R: lavadora
S: 3, 4, 11 y 14

(180) *lente*
R: lentes ópticos
S: 3, 12, 14 y 18

(181) *máquina*
R: calculadora
S: 6

(182) *mouse*   /'maus/
R: mouse
S: 2, 4, 6, 10, 11 y 14

(183) *metro*
R: metro
S: 3, 4, 6, 8, 10, 11, 13, 14, 17 y 18

(184) *micro*
R: microbús
S: 2, 3, 4, 10 y 11

(185) *persiana*
R: cortina
S: 13 y 14

(186) *radio*
R: radio
S: 2, 3 y 11

(187) *refrigerador*
R: refrigerador
S: 2, 3, 4, 11, 12, 14 y 17

(188) *teléfono*
R: teléfono fijo
S: 2, 3, 4, 5, 11 y 12

(189) *teléfono*
R: teléfono celular
S: 12

(190) *televisión*
R: televisor
S: 3, 7, 13, 15 y 18

(191) *televisor*
R: televisor
S: 2, 10, 11, 14 y 17

(192) *ventilador*
R: ventilador
S: 3, 4, 11, 12, 14 y 18

1.2.2. Préstamos con adaptación

a. Adaptación fonológica

En el corpus se registraron 32 préstamos del español adaptados fonológicamente al mapudungún. Para evaluar la adaptación fonológica de los préstamos se consideró tanto la adaptación parcial al sistema fonológico de la lengua mapuche como la dislocación acentual. Respecto del primer tipo de adaptación, se constataron 20 casos; respecto del segundo, 8; además, se registraron 4 casos en los que se presentaban ambos tipos de adaptación.

En cuanto a la adaptación fonológica, Sala (1998) señala que cuando los fonemas que existen solo en la lengua fuente se adaptan al sistema de la lengua receptora, pueden desarticularse, realizándose como una secuencia, o identificarse con uno de los fonemas de su sistema fonológico (pp. 61-62). En el corpus, la mayoría de los casos correspondió a una *refonemización* de consonantes y de vocales (todas inacentuadas). Solo en un caso se constató la aféresis de una consonante (207).

Los 20 préstamos con adaptación –completa o parcial[43]– al sistema fonológico del mapudungún fueron los siguientes:

(193)   *antioko*
       R: lentes ópticos
       S: 4

(194)   *asensor*
       R: ascensor
       S: 6

(195)   *awtu*
       R: automóvil
       S: 2 y 5

(196)   *kafon*
       R: detergente
       S: 12, 13 y 16

(197)   *kortina*
       R: cortina
       S: 6

---

[43] En estos casos, junto con la palabra, se presentará su transcripción fonológica.

(198) *empolleta*
       R: ampolleta
       S: 6

(199) *farmasia*
       R: farmacia
       S: 6

(200) *fentilador*
       R: ventilador
       S: 6

(201) *metro*
       R: metro
       S: 12

(202) *radio*
       R: radio
       S: 14 y 18

(203) *refrigerador*   /ɹefrixeɹa'doɹ/
       R: refrigerador
       S: 6

(204) *rinso*
       R: detergente
       S: 6

(205) *telefision*
       R: televisor
       S: 6

(206) *telefisor*   /telefi'soɹ/
       R: televisor
       S: 14 y 12

(207) *ufanta*
       R: bufanda
       S: 6

Todos los casos de refonemización siguieron los patrones de adaptación fonológica descritos en Giese (1947-1949), Oroz (1947-1949), Rabanales (1953) y/o Chiodi y Loncon (1999). Solo el caso de la refonemización de /a/ por /e/ en posición inicial (198) no fue descrito en las fuentes señaladas. En las tablas 17 y 18 se presentan los patrones de adaptación fonológica registrados.

Tabla 17. *Patrones de adaptación fonológica de consonantes*

Consonante	Adaptación	Posición
/b/	∅	Inicial
/b/	/f/	Inicial e intervocálica
/d/	/t/	Posconsonántica
/j/	/ʎ/	Intervocálica
/x/	/k/	Inicial e intervocálica
/ɾ/	/ɻ/	Intervocálica, pre y posconsonántica y final
/r/	/ɻ/	Inicial
/tɾ/	/ʈʂ/	Intervocálica

Tabla 18. *Patrones de adaptación fonológica de vocales*

Vocal	Adaptación	Posición
/a/	/e/	Inicial
/e/	/i/	Protónica
/o/	/u/	Final

Junto con los casos ya descritos, en el corpus se registraron 12 préstamos con dislocación acentual. De ellos, 8 presentaron solo la dislocación y 4, además, fenómenos de refonemización. Todos estos casos correspondieron a palabras de dos o tres sílabas, en las que, con excepción de (218) selular (/se'lulaɻ/), se constataron las tendencias de acentuación señaladas por Salas (2006). Este autor señala que, aunque el acento en mapudungún no es contrastivo, por lo que, "dentro de ciertos límites, ... puede desplazarse al interior de una misma palabra" (p. 73), es posible establecer ciertas preferencias. Algunas de ellas son: las palabras bisilábicas terminadas en vocal pueden pronunciarse graves o agudas, mientras que las terminadas en consonante tienden a ser agudas; las trisilábicas terminadas en vocal suelen ser graves, mientras que las terminadas en consonante tienden a ser agudas, con un acento secundario en la primera sílaba; y las de cuatro o más sílabas terminadas en vocal se acentúan en la penúltima o última sílaba –con un acento secundario en la primera o segunda–, mientras que las que terminan en consonante se acentúan en la última sílaba –con un acento secundario en la segunda– (pp. 73-74).

Los préstamos en los que se constató la dislocación acentual fueron los siguientes[44]:

(208) *awto*   /au'to/
       R: automóvil
       S: 6

(209) *lente*   /len'te/
       R: lentes ópticos
       S: 5

(210) *makina*   /ma'kina/
       R: microbús
       S: 6

(211) *makina*   /ma'kina/
       R: computador
       S: 6

(212) *makina*   /ma'kina/
       R: teléfono fijo
       S: 6

(213) *metro*   /me'tɾo/
       R: metro
       S: 5

(214) *mikro*   /mi'kɾo/
       R: microbús
       S: 5

(215) *tele*   /te'le/
       R: televisor
       S: 5

---

[44] Para valorar la dislocación acentual se presentará, junto con el préstamo, su transcripción fonológica.

Los préstamos en los que se constató la dislocación acentual y la refonemización fueron:

(216) *mikro*   /mi'kɹo/
       R: microbús
       S: 14

(217) *radio*   /ɹa'dio/
       R: radio
       S: 5 y 6

(218) *selular*   /se'lulaɹ/
       R: teléfono celular
       S: 6

b. Adaptación gramatical

Los fenómenos de adaptación gramatical observados en el corpus consistieron en la inclusión de los préstamos en construcciones verbales con las que los entrevistados pretendieron dar cuenta de las acciones presentadas en el instrumento. En el corpus se registraron 4 casos de adaptación (exclusivamente) gramatical: 3 de ellos correspondieron a la verbalización del préstamo (219-221) y uno a la inclusión del préstamo dentro de una composición verbal (222). Tales neologismos fueron los siguientes:

(219) *anteojo-tu-le-y*
       anteojo-VERB-EST-3Sg
       'se está poniendo los anteojos'
       R: lentes ópticos
       S: 11

(220) *chalina-tu-y*
       chalina-VERB-3Sg
       'se puso la chalina'
       R: bufanda
       S: 4

(221) *metro-tu-a-y*
       metro-VERB-FUT-3Sg
       'tomará el metro'
       R: metro
       S: 15

(222) *ampolleta-tuku-y*
       ampolleta-poner-3Sg
       'puso la ampolleta'
       R: ampolleta
       S: 4

c. Adaptación fonológica y gramatical

En el corpus se registraron 3 préstamos con adaptación fonológica y gramatical.
De ellos, dos correspondieron a la verbalización del préstamo (223-224) y uno,
a la incorporación del préstamo como objeto del verbo (225):

(223) *lente-tu-y*   /len'tetui/
       lentes-VERB-3Sg
       'se puso los lentes'
       R: lentes ópticos
       S: 2

(224) *mikro-tu-a-y*   /mi'kɾotuai/
       micro-VERB-FUT-3Sg
       'tomará la micro'
       R: microbús
       S: 15

(225) *üyüm-radio-y*   /ɯjɯmɹa'dioi/
       encender-radio-3Sg
       'encendió la radio'
       R: radio
       S: 4

2. ANÁLISIS CUANTITATIVO

De los procesos utilizados en la renovación léxica del mapudungún, la formación propia fue la más productiva (55%), seguida de cerca por la adopción de préstamos (45%). En la Tabla 19 se presentan los valores absolutos y los porcentajes de ambos procesos.

Tabla 19. *Productividad de los procesos neológicos registrados*

Procesos neológicos	Valores absolutos	Porcentajes
Formación propia	207	55%
Adopción de préstamos	172	45%

En cuanto a los tipos de recursos involucrados en cada proceso, en la formación propia se constató un amplio predominio de los procedimientos formales (41%) por sobre los semánticos (14%), como se muestra en la Tabla 20.

Tabla 20. *Productividad de los tipos de recursos de formación propia registrados*

Tipos de recursos de formación propia	Valores absolutos	Porcentajes
Recursos formales	155	41%
Recursos semánticos	52	14%

En la adopción de préstamos, en tanto, se observó un predominio de aquellos sin adaptación (35%) por sobre los adaptados (10%), como se detalla en la Tabla 21.

Tabla 21. *Productividad de los tipos de recursos de adopción de préstamos registrados*

Tipos de recursos de adopción de préstamos	Valores absolutos	Porcentajes
Préstamos sin adaptación	133	35%
Préstamos adaptados	39	10%

De los cuatro tipos de recursos anteriormente descritos, los más productivos fueron los formales (41%), seguidos por los préstamos sin adaptación (35%). Los menos productivos fueron los procedimientos semánticos (14%) y los préstamos adaptados (10%). En la Figura 3 se exponen estos porcentajes.

Figura 3. *Productividad de los tipos de recursos formales y de adopción de préstamos registrados*

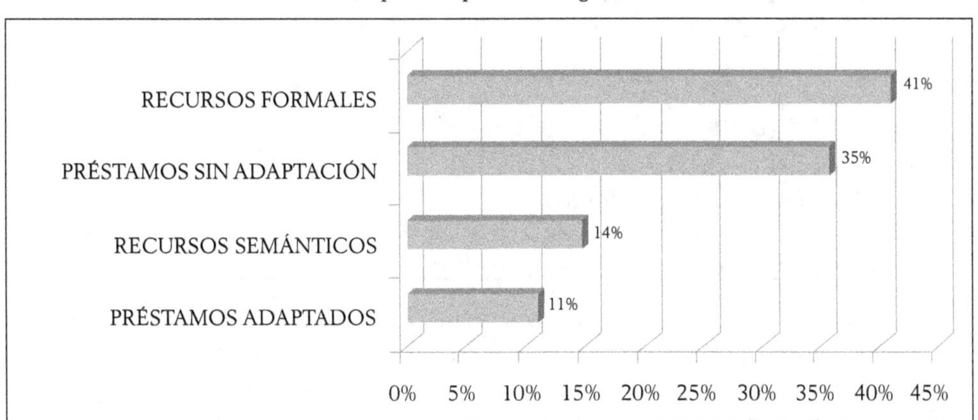

En cuanto a la productividad de los recursos de formación propia, se verificó la preponderancia de la derivación y composición (17%) y de la derivación (15%). Con porcentajes menores figuraron también la formación de oraciones (5%), la composición (4%) y la derivación y sintagmación (1%). La Tabla 22 presenta estos porcentajes junto con sus correspondientes valores absolutos.

Tabla 22. *Productividad de los recursos formales de formación propia*

Recursos de formación propia	Valores absolutos	Porcentajes
Derivación y composición	63	17%
Derivación	56	15%
Formación de oraciones	18	5%
Composición	14	4%
Derivación y sintagmación	4	1%

Los recursos semánticos, por su parte, presentaron una baja productividad. De ellos, como se muestra en la Tabla 23, el más productivo fue la metáfora (8%), seguida del calco semántico (2%), la restricción semántica (2%) y la metonimia (1%).

Tabla 23. *Productividad de los recursos semánticos de formación propia*

Recursos de formación propia	Valores absolutos	Porcentajes
Metáfora	32	8%
Calco semántico	8	2%
Restricción semántica	8	2%
Metonimia	4	1%

Por último, de los recursos de adopción de préstamos, el más productivo fue la adopción sin adaptación (35%). Con productividades bastante menores también se registraron casos de adopción de préstamos con adaptación fonológica (8%), con adaptación gramatical (1%) y con adaptación fonológica y gramatical (1%). En la Tabla 24 se presentan estos porcentajes con sus valores absolutos.

Tabla 24. *Productividad de los recursos de adopción de préstamos*

Recursos de adopción de préstamos	Valores absolutos	Porcentajes
Adopción de préstamos sin adaptación	133	35%
Adopción de préstamos con adaptación fonológica	32	8%
Adopción de préstamos con adaptación gramatical	4	1%
Adopción de préstamos con adaptación fonológica y gramatical	3	1%

Si comparamos la totalidad de los recursos de ambos procesos de creación neológica, vemos que el más productivo fue la adopción de préstamos sin adaptación (35%), seguido por la derivación (17%) y la derivación y composición (15%). Con porcentajes de solo un dígito figuraron los otros 10 procedimientos, como se expone en la Figura 4.

Figura 4. *Productividad de los recursos de formación propia y de adopción de préstamos*

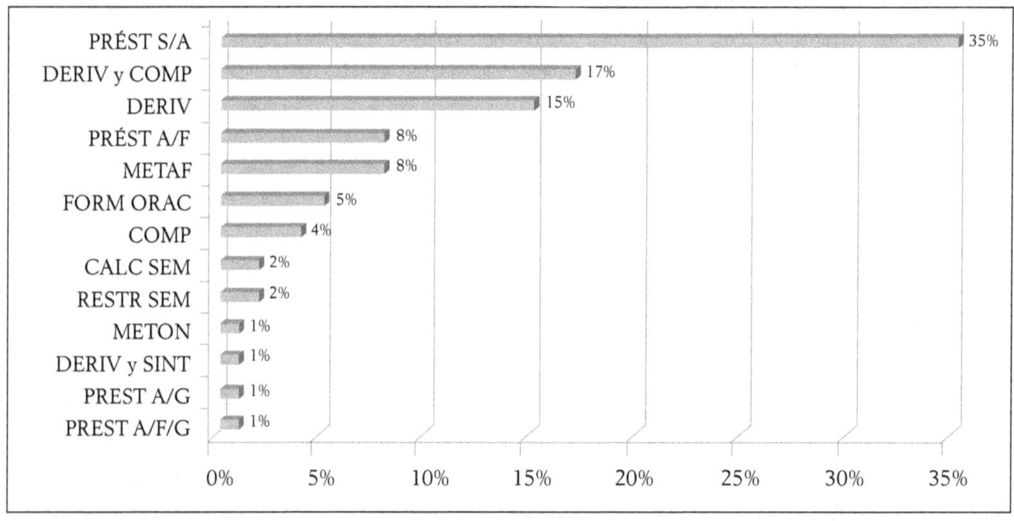

Nota. PREST S/A: préstamos sin adaptación; DERIV Y COMP: derivación y composición; DERIV: derivación; PREST A/F: préstamos con adaptación fonológica; METAF: metáfora; FORM ORAC: formación de oraciones; COMP: composición; CALC SEM: calco semántico; RESTR SEM: restricción semántica; METON: metonimia; DERIV Y SINT: derivación y sintagmación; PREST A/G: préstamos con adaptación gramatical; PREST A/F/G: préstamos con adaptación fonológica y gramatical.

Si incluimos los tres procesos que utilizan la derivación (derivación, derivación y composición y derivación y sintagmación) en una sola categoría (derivación), su porcentaje (33%) se acerca considerablemente, pero no supera al de la adopción de préstamos sin adaptación, como se presenta en la Figura 5.

Figura 5. *Productividad de los recursos de formación propia y de adopción de préstamos con una categoría inclusiva de derivación*

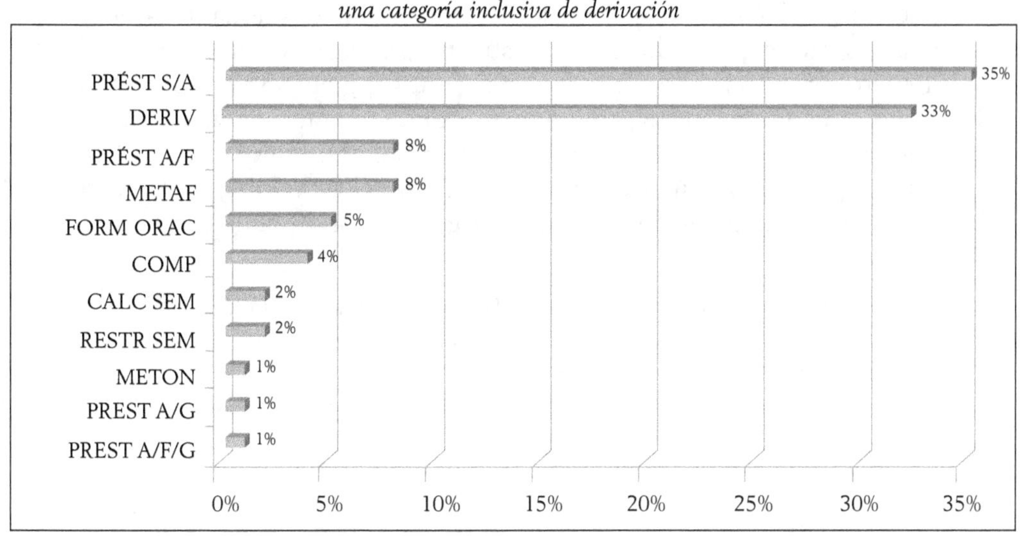

2.1. VITALIDAD INTERNA DEL MAPUDUNGÚN

A partir del análisis de la productividad de los procesos y recursos de creación neológica del mapudungún expuesto en el apartado anterior, podemos señalar que, en lo relativo al eje de vitalidad de los recursos de adopción de préstamos, la lengua mapuche presenta un grado de vitalidad bajo, dado que los préstamos sin adaptación (35%) superan ampliamente tanto a los préstamos con adaptación fonológica o gramatical (9%) como a los que presentan ambos tipos de adaptación (1%), tal como se expone en la Figura 6.

Figura 6. *Eje de vitalidad de los recursos de adopción de préstamos de la lengua mapuche*

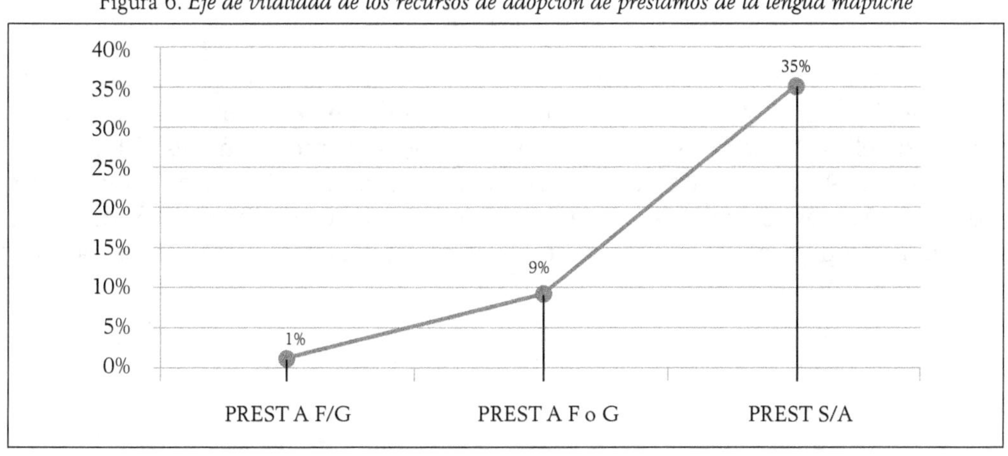

Nota. PREST A F/G: préstamos con adaptación fonológica y gramatical; PREST A F o G: préstamos con adaptación fonológica o gramatical; PREST S/A: préstamos sin adaptación.

Con respecto al eje de los procesos de creación neológica –el cual, hasta el momento, es el decisivo en la evaluación de la vitalidad interna de las lenguas– observamos que el mapudungún muestra un grado de vitalidad medio, dado que los procesos de formación propios de esta lengua (55%) superan solo en 10 puntos a la adopción de préstamos (45%). Este grado de vitalidad se hace más patente si se lo compara con el de lenguas como el español (de Chile) y el catalán, que exhiben una vitalidad alta (Figura 7). En ellas, los procesos de formación propia superan ampliamente (por al menos 40 puntos) a la adopción de préstamos.

Figura 7. *Comparación de la productividad de los procesos de creación neológica del mapudungún, español de Chile y catalán*

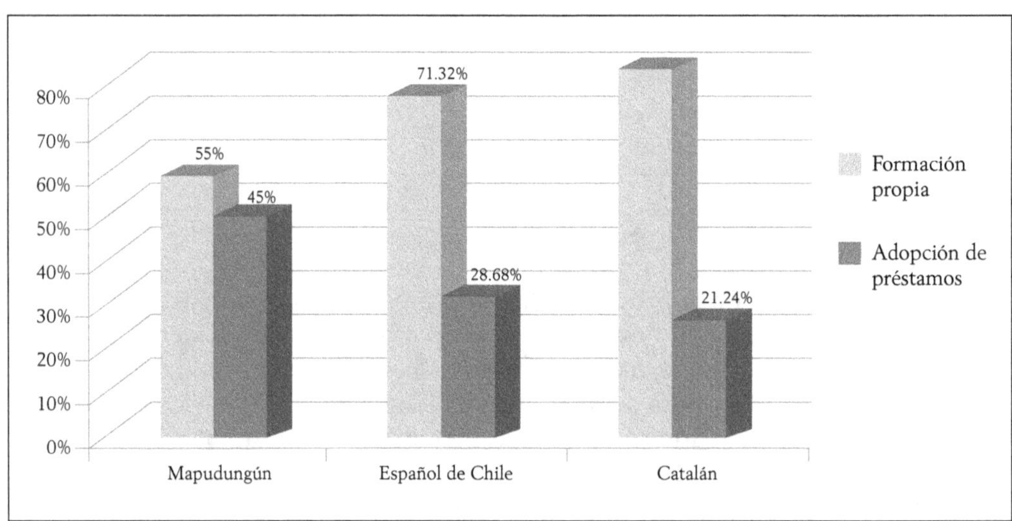

B. *Análisis de las respuestas a los estímulos visuales*

Los neologismos descritos en este trabajo fueron entregados por los informantes por medio de las 360 respuestas entregadas a los estímulos visuales. En la mayor parte de ellas se constató el uso exclusivo de neologismos formales (51%) o de préstamos (42,5%). Sin embargo, también se registraron casos de alternancia de neologismos formales y préstamos (5%) y de formas mixtas (0,5%). En la Tabla 25 se presentan los tipos de respuestas con sus correspondientes valores absolutos y porcentajes.

Tabla 25. *Tipos de respuestas a los estímulos visuales*

Tipos de respuestas	Valores absolutos	Porcentajes
Uso exclusivo de neologismos formales	186	52,0%
Uso exclusivo de préstamos	153	42,5%
Alternancia de neologismos formales y préstamos	19	5,0%
Uso de formas mixtas	2	0,5%

1. ALTERNANCIA DE NEOLOGISMOS FORMALES Y PRÉSTAMOS

En el uso alternado de neologismos formales y préstamos, los recursos más productivos fueron la derivación y composición y el préstamo sin adaptación (6 casos), seguidos por la derivación y el préstamo sin adaptación (5 casos). Con una productividad menor se registraron otros 5 casos. En la Tabla 26 se presenta cada uno de ellos con sus equivalentes en español y con los sujetos que los utilizaron.

Tabla 26. *Clasificación y descripción de la alternancia de neologismos formales y préstamos*

Clasificación	Formación propia	Préstamo	Referente	Sujeto
Derivación y composición y préstamo sin adaptación	(56) *amuldunguwe*	(188) *teléfono*	teléfono fijo	11
	(71) *pengeldunguwe*	(190) *televisión*	televisor	15
	(88) *fürkünfe iyal*	(187) *refrigerador*	refrigerador	11
	(87) *füdkünpeyüm iyael*	(187) *refrigerador*	refrigerador	17
	(99) *pañilwe küdawpeyüm*	(173) *computador*	computador	17
	(80) *wirildunguwe*	(173) *computador*	computador	15
Derivación y préstamo sin adaptación	(1) *alümwe*	(164) *ampolleta*	ampolleta	11
	(5) *küchanwe*	(179) *lavadora*	lavadora	11
	(28) *werküwe*	(173) *computador*	computador	5
	(29) *wotrintuwe*	(180) *lente*	lentes ópticos	18
	(38) *lifpeyüm*	(176) *detergente*	detergente	17
Metáfora y préstamo sin adaptación	(127) *kareta*	(167) *auto*	automóvil	15
	(138) *kareta mi-yawkelu miñche mapu mew*	(183) *metro*	metro	8
	(150) *wingka kawellu*	(167) *auto*	automóvil	3

Continuación Tabla 26.

Clasificación	Formación propia	Préstamo	Referente	Sujeto
Calco semántico y préstamo sin adaptación	(160) *pichi dewü*	(182) *mouse*	mouse	11
	(161) *nüfkü*	(183) *metro*	metro	11
Derivación y composición y préstamo con adaptación fonológica	(96) *küme pelolwe*	(209) *lente*	lentes ópticos	5
Derivación y composición y préstamo con adaptación fonológica y gramatical	(79) *yechewe*	(224) *mikrotuay*	microbús	15
Oración y préstamo sin adaptación	(121) *kürüfalu*	(192) *ventilador*	ventilador	11

2. Usos de formas mixtas

De las dos formas mixtas registradas, una consistió en la utilización de una oración en la que se incluía un préstamo sin adaptación y otra en el uso de una metonimia con la inclusión de un préstamo sin adaptación. La Tabla 27 expone estos casos, junto con sus equivalentes en español y los sujetos que las utilizaron.

Tabla 27. *Clasificación y descripción del uso de formas mixtas*

Clasificación	Forma mixta	Referente	Sujeto
Oración con préstamo sin adaptación	(122) *nengümafiel tañi computador*	mouse	1
Metonimia con préstamo sin adaptación	(158) *piwlu celular*	teléfono celular	18

Conclusiones

En esta investigación, de tipo exploratorio, quisimos contribuir al proceso de *modernización* del léxico de la lengua mapuche a través del establecimiento de los procesos y recursos de creación neológica espontáneo-referencial más productivos dentro de la comunidad mapuche hablante de la ciudad de Santiago. Además, nos propusimos dar luces sobre el grado de vitalidad interna de la lengua mapuche, a partir de una valoración gradual del uso de los procesos de creación neológica registrados. Para cumplir estos objetivos entrevistamos a 18 hablantes de mapudungún, a quienes les pedimos que describieran fotografías de acciones en las que se incluían los referentes de 20 conceptos cuyos nombres pretendíamos elicitar.

En la denominación de los 20 conceptos en cuestión, los entrevistados utilizaron principalmente tres estrategias: el uso exclusivo de neologismos formales (52%), el uso exclusivo de préstamos (42,5%) y la alternancia de ambas formas (5%)[45]. En esta última estrategia podemos ver un fenómeno que, según Cabré (2004, ¶ 6), se da con mucha fuerza en las comunidades lingüísticas socialmente débiles: la *prudencia creativa* en la generación de neologismos. De acuerdo con esta, la comunidad vacila en la utilización de neologismos espontáneos en situaciones públicas, debido a un sentimiento de inseguridad por una falta de dominio del sistema lingüístico y de sus registros funcionales y/o por una censura social frente a posibles transgresiones involuntarias de la norma correcta en el marco de una concepción excesivamente rígida de esta y una uniformidad funcional del sistema de la lengua. En el caso de esta investigación, la prudencia creativa de los hablantes podría deberse a la inseguridad de usar el mapudungún en ámbitos propios del mundo contemporáneo –en los que su uso se ha desalentado–, o podría corresponder a un mecanismo de mitigación ante posibles críticas o errores en la comprensión de los neologismos formales por parte de la comunidad mapuche.

A partir de las respuestas anteriormente mencionadas se logró recoger 379 neologismos creados por procesos de formación propios de la lengua mapuche

---

[45] También se registró el uso de formas mixtas, aunque con un porcentaje muy bajo (0,5%).

(55%) y por adopción de préstamos del español (45%). En los procesos de formación propios se constató una amplia gama de recursos, tanto formales (41%) como semánticos (14%). Dentro de los primeros se registraron casos de derivación (15%), composición (3%), derivación y composición (17%), derivación y sintagmación (1%) y formación de oraciones (1%); dentro de los segundos, de metáfora (8%), metonimia (1%), calco semántico (2%) y restricción semántica (2%). En la adopción de préstamos, por su parte, se registraron casos de préstamos sin adaptación (35%) y de préstamos con adaptación fonológica (9%), gramatical (1%) y fonológica y gramatical (1%).

Estos datos nos permiten concluir, en primer lugar, que la productividad de los procesos de formación propios de la lengua mapuche (55%) fue mayor que la de la adopción de préstamos del español (45%). En segundo lugar, y como consecuencia de lo anterior, concluimos que la lengua mapuche exhibió un grado de vitalidad medio (medida en los términos propuestos por Cabré, 2000), dado que la diferencia entre ambos procesos fue de tan solo 10 puntos porcentuales, la que resulta insuficiente para establecer el predominio absoluto de uno sobre otro. Esta valoración se hace más patente si se la compara con la vitalidad del español de Chile y del catalán, lenguas que presentan una vitalidad alta, puesto que en ellas los procesos de formación propia superan ampliamente (por al menos 40 puntos) a la adopción de préstamos. Sin embargo, debemos ser prudentes con la vitalidad interna presentada por la lengua mapuche en esta investigación, puesto que, por la calidad de exploratoria de la misma, no indagamos en el uso real de los neologismos relevados.

En tercer lugar, podemos concluir que en el corpus se constató un claro dominio de algunos recursos por sobre otros: la derivación (33%, considerando sus tres formas) fue el recurso más productivo dentro de los neologismos formales, la metáfora (8%) lo fue dentro de los semánticos, y la adopción de préstamos sin adaptación (35%), dentro de la adaptación de préstamos. Si consideramos todos los recursos, sin dividirlos por proceso, observamos que los más productivos fueron la adaptación de préstamos sin adaptación (35%) y la derivación (33%), los que se distanciaron por al menos 25 puntos porcentuales del resto de los recursos registrados.

Junto con lo anterior, los datos obtenidos nos permiten dar cuenta de la productividad de determinados elementos y construcciones dentro de cada recurso. De esta forma, constatamos que, en la derivación, el sufijo más productivo fue *-we* (109 ocurrencias), y las construcciones más utilizadas fueron: verbo más sufijo nominalizador (55 de 123 casos) y formas con incorporación nominal (43 casos); en la composición constatamos que las construcciones más productivas fueron: verbo más sustantivo (8 de 14 casos) y sustantivo más sustantivo (6 casos); en la formación de oraciones, las más productivas fueron las oraciones dependientes sin un sustantivo general que aludiera al concepto que debía ser denominado (14 de 18 casos); en la metáfora, las más utilizadas fueron las voces pluriverbales (17 de 32 casos); y en la adaptación fonológica de préstamos la estrategia más productiva fue la refonemización (20 de 32 casos).

Por último, los resultados obtenidos nos permiten establecer algunas conclusiones sobre el estado actual del mapudungún en la ciudad de Santiago. Primero, podemos concluir que la lengua mapuche sigue mostrando la tendencia a incorporar un gran número de términos del español (Catrileo, 2010, p. 102). Segundo, que, salvo una excepción en cada caso, se mantienen los patrones de adaptación fonológica descritos en Giese (1947-1949), Oroz (1947-1949), Rabanales (1953) y Chiodi y Loncon (1999), y las tendencias de acentuación descritas en Salas (2006, pp. 73-74). Y tercero, es posible concluir que los neologismos creados a partir de los procesos de formación propios de la lengua mapuche exhibieron una mínima influencia del español. En concreto, la influencia de esta lengua se registró en los siguientes casos: uso del sufijo *-fe* como marcador de instrumento (2 casos), uso de variantes perifrásticas de formas con incorporación nominal (8 casos) y alteración del patrón adjetivo más sustantivo, propio del sintagma nominal mapuche, en compuestos formados por dos sustantivos (un caso).

Para finalizar, es importante señalar que los resultados de esta investigación, junto con los de otras que profundicen en la creación y el uso real de neologismos espontáneos, deberían constituir la base de los procesos de planificación (actualización y normalización) del léxico de la lengua mapuche. Recordemos que para que la neología planificada logre implantarse en una comunidad debe considerar los recursos más utilizados por los hablantes en la creación espontánea de palabras nuevas, analizarlos y, si los considera convenientes, utilizarlos en sus creaciones, para promoverlos y confiar paulatinamente la creación de palabras estables a la propia comunidad (Cabré, 2000, p. 87). Por otro lado, no debemos perder de vista que convertir al mapudungún en una lengua funcional en todos los ámbitos modernos solo tiene sentido si sus hablantes están presentes en todos estos ámbitos. Por tanto, junto con intervenciones lingüísticas que permitan mejorar las condiciones actuales de la lengua mapuche, es necesario mejorar las condiciones sociales de sus usuarios, quienes siguen siendo vistos por gran parte de la sociedad chilena "como una minoría localizada y de prestigio bajo" (Gallardo, 1984, p. 157). De otra forma, cualquier planificación lingüística difícilmente podría resultar exitosa.

Glosario

Causativo: sufijo verbal que indica la presencia de dos participantes, uno de los cuales ordena o encarga al otro realizar lo expresado por el verbo.

Cero morfológico: unidad abstracta postulada para la realización del análisis morfológico, pero que no tiene una realización física en el discurso.

Direccional: tipo de sufijo verbal que especifica el espacio y/o la dirección de la acción respecto de la posición del hablante.

Distributivo: sufijo verbal cuyo empleo generaliza o pluraliza el resultado del verbo.

Epéntesis: fenómeno que consiste en la adición de uno o más sonidos en el interior de una palabra.

Forma no finita: tipo de sufijo verbal mediante el cual es posible expresar relaciones de subordinación. Los verbos no finitos no especifican ni la persona ni el número de su sujeto ni distinguen modo; aparecen en el predicado de oraciones subordinadas y permiten establecer diferentes tipos de subordinación.

Habitual: sufijo verbal que indica que la acción expresada por el verbo se realiza de modo habitual o permanente.

Infinitivo: forma no finita del verbo que puede funcionar como un sustantivo que denota la acción expresada por la raíz verbal.

Locativo: sufijo que expresa la idea de localización de una entidad o acción.

Nominalizador: sufijo que convierte en sustantivos unidades pertenecientes a otras categorías gramaticales.

Pasiva: voz verbal en la que el sujeto es el paciente de la acción y el agente aparece en un constituyente que a menudo recibe el nombre de complemento agente.

Recíproco: voz verbal en la que la acción tiene como sujeto a dos o más individuos, quienes la ejercen los unos sobre los otros.

Restaurativo: sufijo verbal que indica una acción que se repite, se restaura o se pone en vigencia después de haberse dejado de lado.

Referente: entidad (objeto, situación, etc.) de la realidad extralingüística a la que alude la expresión lingüística.

Transcripción fonológica: representación de los fonemas de la lengua mediante alfabetos creados para ello.

Transitivador: sufijo verbal que agrega un objeto al verbo con el que se combina. Combinado con un verbo intransitivo el resultado es un objeto; combinado con uno transitivo el resultado son dos objetos.

Verbalizador: sufijo que convierte en verbos unidades pertenecientes a otras categorías gramaticales.

Bibliografía

Augusta, F. de (1916). *Diccionario Araucano-Español y Español-Araucano*. Tomo Primero y Tomo Segundo. Santiago: Imprenta Universitaria.

Baker, M., Aranovich, R. y Golluscio, L. (2004). Two types of syntactic noun incorporation: noun incorporation in mapudungun and its typological implications. *Language*, 81(1), 138-176.

Blas Arroyo, J. L. (2005). *Sociolingüística del español. Desarrollos y perspectivas en el estudio de la lengua española en contexto social*. Madrid: Cátedra.

Cabré, M. T. (1993). *La terminología. Teoría, metodología, aplicaciones*. Barcelona: Antártida /Empúries.

Cabré, M. T. (2000). La neologia com a mesura de la vitalitat interna de les llengües. En *La neologia en el tombant de segle. I Simposi sobre neologia (18 de desembre de 1998). I Seminari de neologia (17 de febrer del 2000)* (85-108). Barcelona: Institut Universitari de Lingüística Aplicada. Universitat Pompeu Fabra. Recuperado el 19 de marzo de 2010, de http://www.upf.edu/pdi/dtf/teresa.cabre/publi_cat.htm

Cabré, M. T. (2002). Terminología y lenguas minoritarias: necesidad, universalidad y especificidad. En *VIII Conferencia internacional de lenguas minoritarias. Políticas Lingüísticas e Educativas na Europa Comunitaria* (89-102). Santiago de Compostela: Xunta de Galicia. Recuperado el 19 de marzo de 2010, de http://www.upf.edu/pdi/dtf/teresa.cabre/publi_cat.htm

Cabré, M. T. (2004). La importància de la neologia per al desenvolupament sostenible de la llengua catalana. En *Llengua catalana y neologia* (17-45). Barcelona: Meteora. Recuperado el 19 de marzo de 2010, de http://www.upf.edu/pdi/dtf/teresa.cabre/publi_cat.htm

Cabré, M. T., Bayà, M. R., Bernal, E., Freixa, J., Solé, E. y Vallès, T. (2002). Evaluación de la vitalidad de una lengua a través de la neología: a propósito de la neología espontánea y de la neología planificada. En Cabré, M. T., Solé, E. y Freixa, J. (Coords.), *Lèxic i neologia* (159-201). Barcelona: Observatori de Neologia. Institut Universitari de Lingüística Aplicada. Universitat Pompeu Fabra.

Cabré, M. T. & Estopà R. (2009). *Les paraules noves. Criteris per detectar i mesurar els neologismos*. Barcelona: Eumo Editorial/Universitat Pompeu Fabra.

Catrileo, M. (2005). *Diccionario lingüístico etnográfico de la lengua mapuche. Mapudungun – Español – Inglés*. Santiago de Chile: Andrés Bello.

Catrileo, M. (2010). *La lengua mapuche en el siglo XXI*. Valdivia: Facultad de Filosofía y Humanidades, Universidad Austral de Chile.

Centro de Estudios Públicos. (2007). *Estudio opinión pública: los mapuches rurales y urbanos hoy. Documento de trabajo N° 367*. Santiago de Chile: Centro de Estudios Públicos. Recuperado el 15 de agosto de 2009, de http://www.cepchile.cl/dms/lang_1/doc_3853.html

Chiodi, F. y Loncon, E. (1999). *Crear nuevas palabras. Innovación y expansión de los recursos lexicales del mapuzugun*. Santiago de Chile: Universidad de la Frontera y Corporación Nacional de Desarrollo Indígena.

Coseriu, E. (1977). *Principios de Semántica Estructural*. Madrid: Gredos.

Coseriu, E. (1978). La formación de palabras desde el punto de vista del contenido (a propósito del tipo "coupe-papier"). En *Gramática, Semántica y Universales. Estudios de Lingüística Funcional* (239-264). Madrid: Gredos.

Fasold, R. (1998). *Sociolingüística del lenguaje*. Buenos Aires: Editorial Docencia.

Fernández Garay, A. (2006a). La nominalización en lenguas indígenas de la Patagonia. *Tópicos del seminario*, 15, pp. 141-158.

Fernández Garay, A. (2006b). Entre el sustantivo y el verbo. Las nominalizaciones del mapuche ranquelino. *LIAMES*, 6, pp. 61-75.

Fuentes, M., Gerding, C., Pecchi, A,. Kotz, G. y Cañete P. (2009). Neología léxica: reflejo de la vitalidad del español de Chile. *Revista de Lingüística Teórica y Aplicada*, 47(1), 103-124. Recuperado el 10 de marzo, de http://www.scielo.cl/pdf/rla/v47n1/art_06.pdf

Gallardo, A. (1984). La situación mapuche. Problema de planificación lingüística. En *Cultura, Hombre y Sociedad*, 1, 151-188.

Giese, W. (1947-1949). Hispanismos en el mapuche. *Boletín del Instituto de Filología de la Universidad de Chile*, 5, 115-132.

Gundermann, H., Godoy, L., Caniguan, J., Ticona, E., Castillo, E., Clavería, A. y Faúndez, C. (2009). *Perfil sociolingüístico de lenguas mapuche y aymara en la Región Metropolitana*. Santiago de Chile: CONADI-UTEM.

Gundermann, H., Caniguan, J., Clavería, A. y Faúndez, C. (2009). Permanencia y desplazamiento, hipótesis acerca de la vitalidad del *mapuzugun*. *Revista de Lingüística Teórica y Aplicada*, 47(1), 37-60. Recuperado en 10 de marzo de 2010, de http://www.scielo.cl/pdf/rla/v47n1/art_03.pdf

Harmelink, B. (1990). Las cláusulas relativas del idioma mapuche. En *Actas de Lengua y Literatura Mapuche*, 4, 133-147.

Harmelink, B. (1992). La incorporación nominal en el mapudungun. *Lenguas Modernas*, 19, 129-138.

Hernández, A., Ramos, N. y Huenchulaf, R. (2006). *Gramática básica de la lengua mapuche. Tomo I*. Temuco: Editorial UC Temuco.

Lacuesta, R. S. y Bustos, E. (1999). La derivación nominal. En Bosque, I. y Demonte, V. (Eds.). *Gramática descriptiva de la lengua española* (pp. 4505-4594). Tomo 3. Madrid: Espasa Calpe.

Lagos, C. (2005). La vitalidad lingüística del *mapudungun* en Santiago de Chile, sus factores determinantes y consecuencias socioculturales: estudio exploratorio desde una perspectiva socio y etnolingüística. *Revista Werken*, 6, 23-37. Recuperado el 15 de abril de 2010, de http://redalyc.uaemex.mx/pdf/508/50800603.pdf

Lang, M. (1990). *Formación de palabras en español. Morfología derivativa productiva en el léxico moderno*. Madrid: Cátedra.

Lastra, Y. (1992). *Sociolingüística para hispanoamericanos. Una introducción*. México: El Colegio de México.

Lewandowski, T. (2000). *Diccionario de lingüística*. Madrid: Cátedra.

Lenz, R. (1940). Hispanismos léxicos en araucano. En Lenz, R., Bello, A, y Oroz, R. *El español en Chile*. Traducción, notas y apéndices de Amado Alonso y Raimundo Lida (244-258). Buenos Aires: Instituto de Filología, Facultad de Filosofía y Letras de la Universidad de Buenos Aires.

Morales Pettorino, F. y Quiroz, O. (1984-1987). *Diccionario ejemplificado de chilenismos y de otros usos diferenciales del español de Chile*. Tomos I, II, III, IV. Valparaíso: Academia Superior de Ciencias Pedagógicas de Valparaíso.

Observatorio de Neología. (2004). *Metodología del trabajo en neología: criterios, materiales y procesos*. Barcelona: Instituto Universitario de Lingüística Aplicada, Universidad Pompeu Fabra. Recuperado el 10 de marzo de 2010, de http://www.iula.upf.edu/repositori/04mon009.pdf

Oroz, R. (1947-1949). Notas a "Hispanismos en el mapuche". *Boletín del Instituto de Filología de la Universidad de Chile*, 5, 133-135.

Rabanales, A. (1953). Observaciones a "Hispanismos en el mapuche". *Boletín del Instituto de Filología de la Universidad de Chile*, 11, 133-151.

Real Academia Española. (2001). *Diccionario de la Lengua Española*. Vigesimosegunda edición. Madrid: Espasa-Calpe. Recuperado el 10 de noviembre de 2010, de http://www.rae.es

Rotaetxe, K. (1990). *Sociolingüística*. Madrid: Síntesis.

Rotaetxe, K. (1997). Terminología, planificación y tipología. En *Actas del I Congreso Internacional de Terminología*. San Sebastián: Servicio Oficial de Traducción del Instituto Vasco de Administración Pública y Centro Vasco de Terminología y Lexicografía. Recuperado el 15 de abril de 2010, de http://www.uzei.com/Modulos/UsuariosFtp/Conexion/archivos46A.pdf

Sala, M. (1998). *Lenguas en contacto*. Madrid: Gredos.

Salas, A. (1987). Hablar en mapuche es vivir en mapuche. Especificidad de la relación lengua/cultura. *Revista de Lingüística Teórica y Aplicada*, 25, 27-35.

Salas, A. ([1992] 2006). *El mapuche o araucano. Fonología, gramática y antología de cuentos*. Santiago de Chile: Centro de Estudios Públicos.

Smeets, I. (2008). *A Grammar of Mapuche*. Berlin, New York: Mouton de Gruyter.

Ueda, H. (1996). Estudio de la variación léxica del español. Métodos de investigación. En *Homenaje al profesor Makoto Hara. Trabajos reunidos con motivo de la jubilación universitaria* (341-375). Tokio: Universidad de Estudios Extranjeros de Tokio. Recuperado el 3 de agosto de 2008, de http://lecture.ecc.u-tokyo.ac.jp/~cueda/kenkyu/chiri/varmet.pdf

Val, J. F. (1999). La composición. En Bosque, I. y Demonte, V. (Eds.), *Gramática descriptiva de la lengua española* (pp. 4757-4842). Tomo 3. Madrid: Espasa Calpe.

Wittig, F. (2009). Desplazamiento y vigencia del mapudungún en Chile: un análisis desde el discurso reflexivo de los hablantes urbanos. *Revista de Lingüística Teórica y Aplicada*, 47(2), 135-155. Recuperado el 11 de mayo de 2010, de http://www.scielo.cl/pdf/rla/v47n2/ART_08.pdf

Zimmermann, K. (1995-1996). La modernización de las lenguas amerindias como estrategia de supervivencia. *Société Suisse des Américanistes, Bulletin*, 59/60, 189-196. Recuperado el 18 de julio de 2010, de http://www.ssa-sag.ch/bssa/pdf/bssa59-60_29.pdf

Zúñiga, F. (2006). *Mapudungun. El habla mapuche*. Santiago de Chile: Centro de Estudios Públicos.

Zúñiga, F. (2007). *Mapudunguwelaymi am?* ¿Acaso ya no hablas mapudungún? Acerca del estado actual de la lengua mapuche. *Estudios Públicos*, 105, 9-24. Recuperado el 15 de abril de 2010, de http://www.cepchile.cl/dms/lang_1/doc_3887.html